Hamburg
Mit Vergnügen

HAMBURG FÜR ALLE
LEBENSLAGEN

Vorwort

Schulterblatt, Anfang März 2022. Das Eis schmilzt langsam in unseren Caipi-Gläsern, wir grinsen uns beschwipst an, während uns die noch zaghafte Sonne auf die Nasen scheint. Um uns herum ist Hamburg aus dem Winterschlaf erwacht, und wir haben gerade das letzte Foto gemacht für unser bisher größtes Projekt überhaupt: unser Buch, eine Schatztruhe, in der unsere wertvollsten Hamburg-Tipps für euch versammelt sind.

Seit 2014 berichten wir von unseren liebsten Vergnügen in der Stadt, nehmen euch mit auf digitale Viertelspaziergänge, quatschen in unseren Instagram-Storys mit euch und posten versteckte Badestellen, falls es doch mal heiß wird in Hamburg. Jetzt gibt es unsere Geheimtipps und liebsten Orte tatsächlich das erste Mal auf Papier gedruckt für euch – zum Durchblättern, Auf-den-Couchtisch-legen, Verschenken, Eselsohrenmachen und Immer-wieder-Neues-in-der-Stadt-entdecken.

In den vergangenen Monaten waren wir dafür östlich und westlich der Alster, im Norden und Süden der Elbe, in kiezigen Ecken und grünen Landschaften unterwegs und haben knapp 300 Orte für euch ausgecheckt, die jetzt zwischen diesen beiden knallgelben Buchdeckeln festgehalten werden. Wir haben dabei unsere Lieblinge noch einmal unter die Lupe genommen und uns auf unseren Wegen immer wieder neu in Hamburg verliebt.

Als eure besten Freund*innen in der Großstadt haben wir Empfehlungen für jede Lebenslage, in der ihr euch potenziell befinden könnt, zusammengestellt: Vom Bedürfnis nach feuchtfröhlichem Day Drinking über Aktivitäten für Tage, an denen es nicht aufhören will zu regnen, bis hin zur dringenden Notwendigkeit, sich den Kopf in der Natur durchpusten zu lassen. Für Katertage, an denen der Burger nur so triefen soll vor Fett; wenn ihr beim ersten Date seit Langem mit einem romantischen Candle-Light-Dinner überraschen wollt oder ihr kulinarisch auf Weltreise gehen möchtet.

Dieses Buch ist für alle Hamburger*innen, neue wie alte, für solche, die es noch werden wollen, und für Teilzeithanseat*innen die nur gern mal für einen Besuch vorbeikommen. Für Galão-Genießer*innen auf dem Schulterblatt, Flanier-Freund*innen auf dem Lehmweg, Kanu-Kumpels auf dem Isebekkanal und Schnaps-Schluckspechte auf dem Hamburger Berg.

Macht es euch ganz wunderbar!
Franzi, Lisa, Talika & die vergnügte Bande

Die Kapitel

Food
Stil
Erlebnis
Ausgehen
Viertelcheck
Ausflug

Wie dieses Buch funktioniert

Hamburg ist voller Postkartenmotive, wie dem Sonnenuntergang hinter der Elbphilharmonie oder dem imposanten Rathaus. Für uns ist Hamburg aber viel mehr: Es ist das kleine Café mit dem besten Blechkuchen, die Bar mit den schärfsten Mexikanern und der (fast) geheime Spot, an dem man die Sonnte hinter den Hafenkränen untergehen sieht.

Deswegen gibt es in diesem Buch keine To-do-Listen zum Abarbeiten, sondern Tipps für alle Lebenslagen – in unseren fünf Kapiteln Food, Stil, Erlebnis, Ausgehen und Ausflug. Wir verraten euch, wo ihr mit trinkfesten Freund*innen abseits der Reeperbahn feiern gehen könnt, wie ihr ohne Knete trotzdem einen tollen Tag habt und wo es die wirklich beste Aussicht über die Stadt gibt.

Und damit ihr eure Viertelgrenzen auch mal hinter euch lasst, nehmen wir euch in unseren Viertelchecks mit auf Entdeckungstour durch unsere liebsten Ecken der Stadt. Und hoffentlich verliebt ihr euch Tipp für Tipp noch ein kleines bisschen mehr in Hamburg!

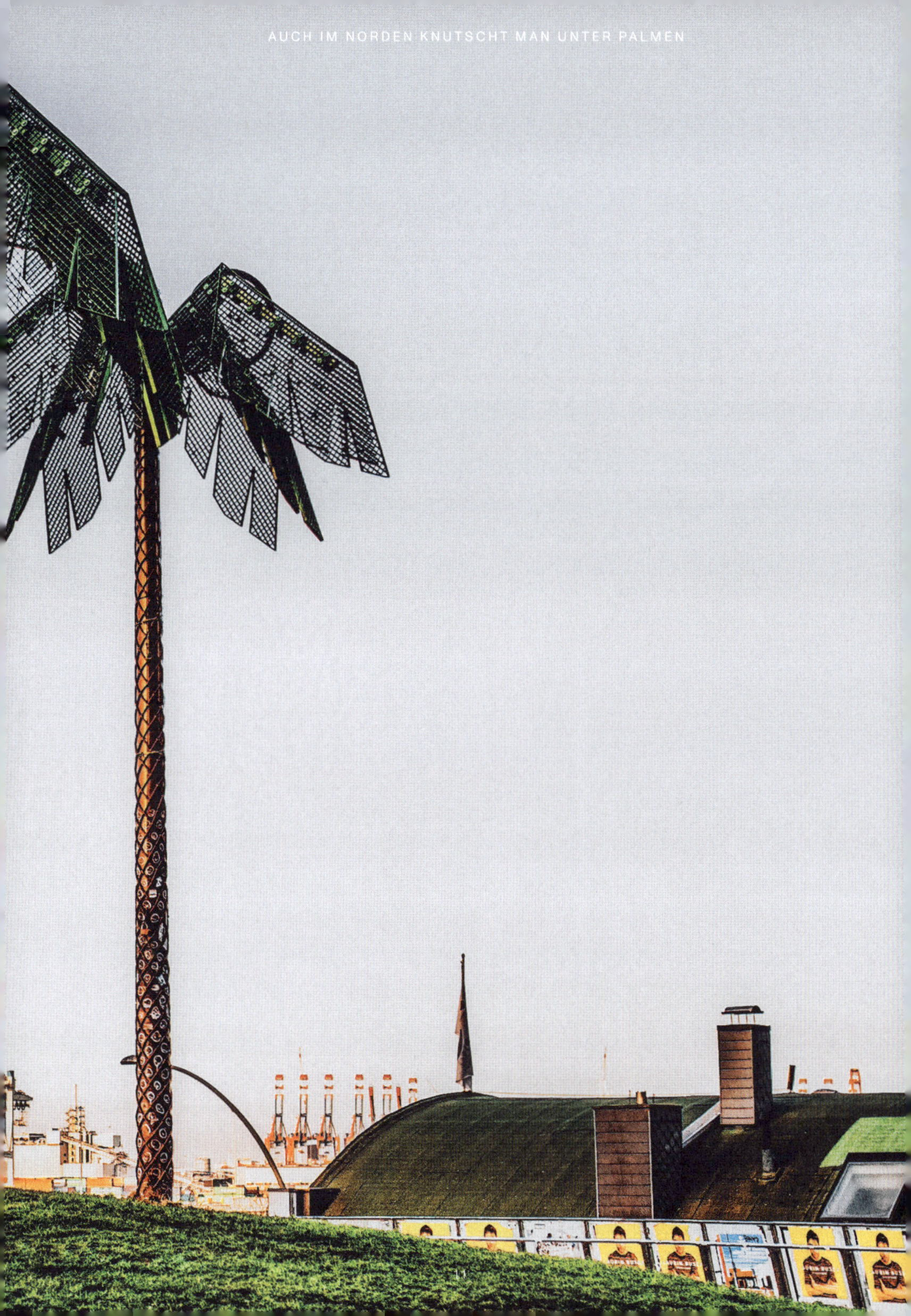

Food

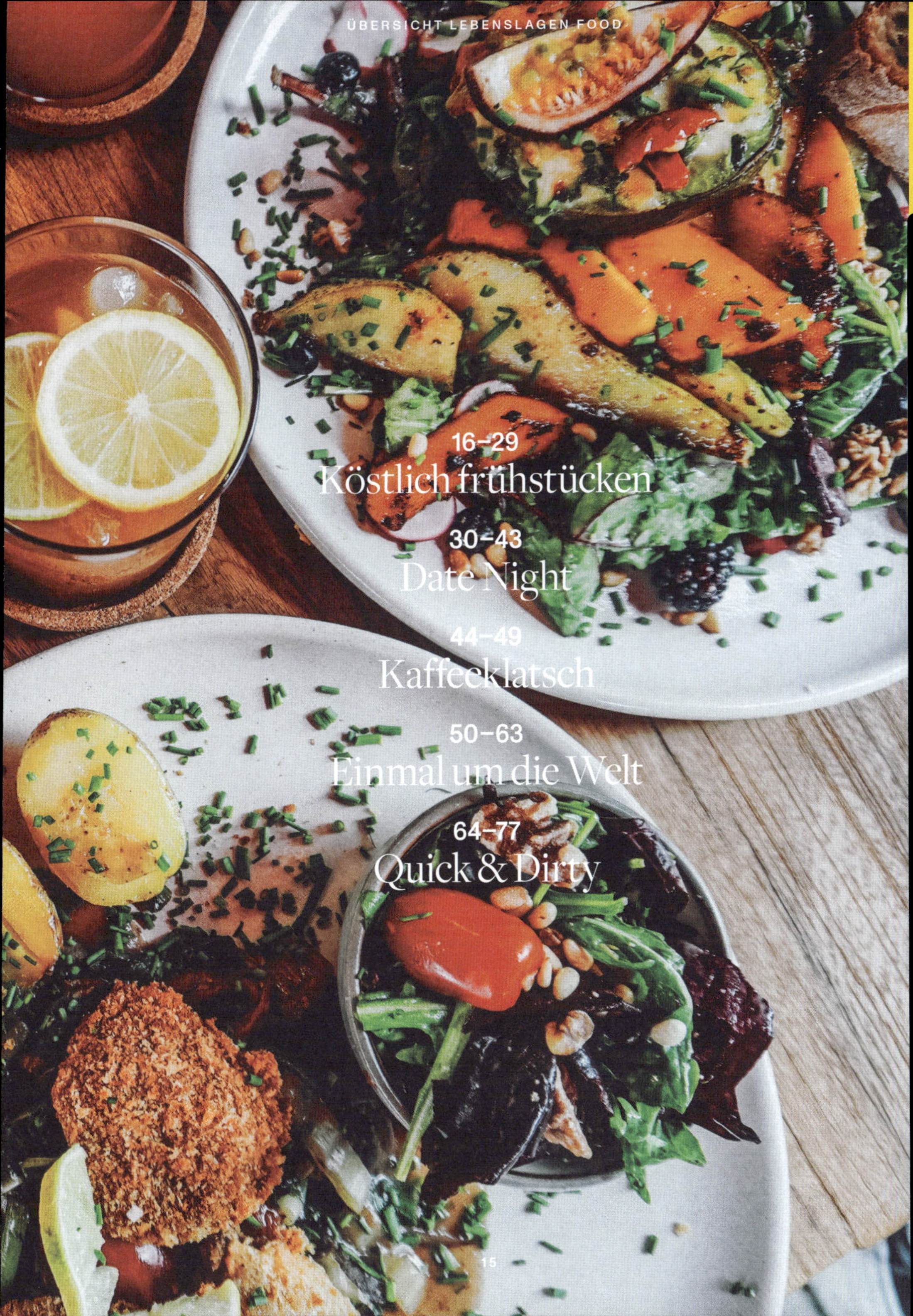

Köstlich frühstücken

Das Frühstück ist bekanntlich die wichtigste Mahlzeit des Tages. Und deswegen nehmen wir unser morgendliches Futtern ernst. Wir wollen ja nicht mit trockenen Brötchen und wässrigem Kaffee abgespeist werden. Stattdessen schnabulieren wir lieber fluffige Pancakes, haushoch belegte Stullen und feine pochierte Eier.

Dazu gönnen wir uns nicht nur eine, sondern eher zwei bis drei Tassen Cappuccino und frisch gepressten Orangensaft.

Wir sitzen in gemütlichen Sesseln wie bei Oma oder bestaunen kantiges Design in den unterschiedlichsten Cafés der Stadt. Hier verraten wir euch, wofür es sich wirklich lohnt, das warme Bett am Morgen zu verlassen.

Avi

Das Beste aus der Region verputzen

Uhlenhorst
Zimmerstraße 52, 22085 Hamburg

Lene und Oli achten in ihrem süßen, kleinen Café in Uhlenhorst auf
beste regionale Qualität. Das bedeutet: Alles, was auf den (übrigens
sehr hübschen) Tellern landet, kommt aus Hamburg oder von Bauern-
höfen aus dem Umland. Und das schmeckt ihr. Zum Beispiel, wenn ihr
ein herrliches Käsefrühstück mit verschiedenen Sorten bestellt.
Auch der Kaffee wird direkt in der Speicherstadt geröstet und versorgt
euch mit der nötigen Dosis Koffein, um gut in den Tag zu starten.

 cafe_avi
www.avi-hamburg.de

FOOD

Café Kofje

Rübermachen in den Osten für eine Avocadostulle

Dulsberg
Walddörferstraße 12, 22041 Hamburg

Der Hamburger Osten wird häufig unterbewertet – auch der kleine Stadtteil Dulsberg. Aber mit dem Café Kofje gibt es hier jetzt eine Pilgerstätte, zu der sich auch Westhamburger*innen ganz bewusst auf den langen Weg machen. Denn das hübsche Café serviert euch köstliches, hausgemachtes Frühstück und bietet tolle Plätze in der Sonne. Besitzerin Jana ist übrigens Grafikdesignerin, was wohl die gemütliche nordische Einrichtung mit der großen Fensterfront erklärt.

⌾ cafe_kofje
www.cafe-kofje.de

Tipp

Bringt genug Zeit mit – am Wochenende könnt ihr nicht reservieren und die Schlange ist oft lang.

Klippkroog

Crémant und French Toast am Morgen

Altona-Altstadt
Große Bergstraße 255, 22767 Hamburg

Das Klippkroog ist ein Paradies für Frühstücksspezialist*innen, die wissen, was sie suchen. Das Café liegt zwar in unmittelbarer Nähe des Bahnhofs Altona, dabei jedoch ziemlich versteckt in einer ruhigen Seitenstraße. Die Suche lohnt sich aber, denn das Frühstück mit Tomate-Käse-Rührei, Mini-French-Toasts und hausgemachtem Granola mit vielen frischen Früchten oder der vegane Teller sind wahrlich köstlich.

Im Klippkroog angekommen, nehmt ihr in einem der beiden schönen Räume Platz oder setzt euch bei gutem Wetter unter die großen Schirme vor der Tür. Dann bestellt ihr euch den tollen Chai Latte und dazu ein Glas prickelnden Crémant – das Leben ist schön!

© klippkroog
www.klippkroog.de

Lorenz

Der perfekte Spot fürs Menschengucken beim Käffchen

Eimsbüttel
Margaretenstraße 76, 20357 Hamburg

Zwölf Jahre hat Simone in dem Laden mit der goldgerahmten Fensterfront als Grafikdesignerin gearbeitet – dann hatte sie Lust auf eine neue Herausforderung.

Gemeinsam mit ihren Kindern Malou und Lumis baute sie ein halbes Jahr lang um und suchte Möbel auf Flohmärkten zusammen. Entstanden ist ein herrlich unaufgeregtes, gemütliches Café, das euch in der Nähe der Schanze Leckereien serviert, die aus der Region stammen. Schnappt euch ein Buch, genießt den Ausblick und verputzt eine Waffel mit selbst gekochtem Kompott.

cafe_lorenz
www.cafe-lorenz.de

Malina Stories

Zimtschnecken verdrücken und dabei durch Kleinkram stöbern

Barmbek-Nord
Hellbrookstraße 61, 22305 Hamburg

Das Malina Stories in Barmbek ist ein märchenhafter Ort: Hier verputzt ihr eure Quarkies (köstliche Quarkpuffer mit frischen Früchten oder karamellisierten Nüssen) oder ausladend belegten Stullen inmitten von romantischer Deko und kleinen Regalen voll mit süßem Schmuck und hübscher Papeterie.

Nach dem Frühstück könnt ihr hier also stöbern und eine Kleinigkeit mit nach Hause nehmen. Habt ihr mal keine Zeit, lohnt sich das Malina Stories auch to go für die geniale, vielleicht beste Zimtschnecke der Stadt.

⊚ malinastories
www.malinastories.de

Tipp

Sonntags gibt es ein herrliches Frühstück, das in
einer Etagere serviert wird.

Mamalicious

Schlemmen wie in einem schlotzigen amerikanischen Traum

Altona-Nord
Max-Brauer-Allee 277, 22769 Hamburg

Ein Stapel frisch zubereiteter Pancakes mit Blaubeersauce, Schlag-sahne und Ahornsirup, ein deftig belegtes BLT-Sandwich oder Rührei mit knusprigen Home Fries: Im Mamalicious in der Max-Brauer-Allee fühlt ihr euch wie in einem coolen amerikanischen Diner. Das Geniale daran? Hier ist alles vegan oder vegetarisch – auch der Milkshake, den ihr euch wie im Film teilen könnt. Wer eine lange Nacht hatte, kann seinen Kater mit schlotzigen Mac 'n' Cheese besänftigen.

◎ mamalicioushamburg
www.mamaknows.de

Marshall Street Coffee

Frühstück aus Down Under

Hamburg-Altstadt
Schopenstehl 30, 20095 Hamburg

Seid ihr auf der Suche nach Urlaubsgefühl mitten in der Stadt?
Dann ab zu Marshall Street Coffee! Das Café sieht nämlich nicht nur
unglaublich stylisch aus, Marie und Tristan haben es sich auch zur
Aufgabe gemacht, die australische Kaffeekultur in die Hamburger
Altstadt zu bringen.

　　Mit ihrer eigenen Kaffeeröstung zaubern sie euch leckere
Flat Whites und servieren dazu Buttermilch-Pancakes oder eine
Chia Bowl. Benannt wurde das Café übrigens nach der Straße in
Sydney, in der Tristan aufgewachsen ist.

marshall.street.coffee
www.marshall-street.de

Nord Coast Coffee Roastery

Kaffeespezialitäten made in Hamburg

Hamburger Innenstadt
Deichstraße 9, 20459 Hamburg

Wer hier keine Waffel bestellt, ist selbst Schuld. Es stehen zwar auch noch andere Köstlichkeiten auf der Karte, aber die Waffel der Nord Coast Coffee Roastery ist einfach ein Gedicht. Serviert wird sie mit verschiedenen Toppings, wir empfehlen euch die Limetten-Mascarpone-Creme, dazu gibt es frische Früchte und Ahornsirup.

Noch besser wird die Waffel mit einem Kaffee. Die Bohnen werden täglich frisch geröstet, und an der Siebträgermaschine stehen echte Profis, die euch auch gern zu den Röstungen beraten.

☺ nordcoastcoffee
www.nordcoast-coffee.de

Tipp
Die Kaffeeröstungen könnt ihr auch mit nach Hause nehmen.

Rain Cafeatery

Das perfekte pochierte Ei schnabulieren

Ottensen
Große Rainstraße 15, 22765 Hamburg

Wer Glück hat, in dem winzigen Lädchen einen Platz zu ergattern, wird mit feinsten Frühstücksgerichten belohnt. Wir bestellen hier am liebsten den Maple Bacon Toast mit pochiertem Ei und Baconmarmelade. Oder das Shakshuka. Oder die Pancakes mit Blaubeeren und Mascarpone. Ihr merkt: Die Entscheidung fällt schwer, denn alles schmeckt unglaublich gut.

Wenn ihr im Sommer kommt, solltet ihr euch die Zeit nehmen, um auf einen Platz vor der Tür zu warten. Von dort aus könnt ihr nämlich hervorragend die Ottensener Gesellschaft beim Vorbeiflanieren beobachten. Ansonsten könnt ihr hier aber auch immer einen Tisch reservieren.

☉ rain_cafeatery
www.raincafeatery.de

Salon Wechsel Dich

Morgens schon einen an der Waffel haben

Rotherbaum
Grindelhof 62, 20146 Hamburg

Das zuckersüße Café im Grindel hat es sich zur Aufgabe gemacht, Waffeln für jeden Geschmack zu servieren. Und zwar wirklich jeden. Denn hier gibt es nicht nur Nutella auf die belgische Waffel, sondern auch herzhafte Toppings wie Lachs und Avocado oder Tomate-Mozzarella. Die Waffeln, die ihr auch als vegane oder glutenfreie Variante bestellen könnt, sind dabei unter den aufgetürmten Leckereien kaum noch zu sehen. Besonders cute: die Herzwaffel am Stiel.

⊚ salonwechseldich

The Special Connection

Wo internationale Freundschaft serviert wird

Altonaer Fischmarkt
Fischmarkt 11, 22767 Hamburg

Der Name des Cafés, The Special Connection, beruht wirklich auf einer außergewöhnlichen Verbindung. Jean-Baptistes Familie kommt aus Frankreich, Katja kommt aus Russland, in Hamburg haben sie sich lieben gelernt. Und so finden sich auf der Karte Gerichte, die von diesen drei Ecken der Welt inspiriert sind – alle hausgemacht und zum großen Teil auch vegan. Fleisch gibt es hier gar nicht, dafür aber Lachs. Wir befinden uns ja schließlich am Fischmarkt.

⊙ thespecialconnection
www.the-special-connection.de

Date Night

Klar, der Italiener um die Ecke geht natürlich immer, und den Hauswein kriegt man auch irgendwie runter. Aber so richtig beeindruckt ihr damit wahrscheinlich niemanden. Wenn ihr euch und euren Herzensmenschen also mal wieder mehr als den fragwürdigen Chianti und die immer gleiche Lasagne gönnen möchtet, dann aufgepasst!

In warmem Kerzenschein servieren Hamburgs kulinarische Perlen mehrgängige Menüs, die so lecker sind, dass man seinen Teller danach ablecken möchte. Machen wir natürlich nicht, ist ja eine feine Angelegenheit, so eine Date Night. Werft euch also in Schale und genießt sie gebührend.

A–Z

Bistro Carmagnole

Abwechselnd Austern und Champagner schlürfen

Sternschanze
Juliusstraße 18, 22769 Hamburg

Das Low-Carb-Menü des Bistro Carmagnole besteht aus einem Dutzend Austern und einer Flasche Champagner. Damit wäre der Ton gesetzt. In dem Restaurant mit hübschen Art-Déco-Elementen werden französische Klassiker serviert, neben Austern gibt es Moules Frites, Steak Tatar oder Soupe de Poisson.

Wer nach Vor- und Hauptspeise noch Platz hat, bestellt sich ein Mousse au Chocolat zum Teilen und schaut sich dabei tief in die Augen. Austern sollen ja aphrodisierend wirken – oder woher kommt plötzlich dieses Prickeln in der Luft?

bistro_carmagnole
www.carmagnole.kr

Café Paris

Ein Traum aus Art Déco und französischen Spezialitäten

Hamburger Innenstadt
Rathausstraße 4, 20095 Hamburg

Ein Trip nach Paris ist euch dann doch zu viel, um zu beeindrucken?
Pas de problème, ladet euer Date stattdessen einfach ins Café Paris
ein – das hat den gleichen Effekt. In der ehemaligen Milchhalle kommt
ihr aus dem Staunen gar nicht mehr heraus. Die Decke zieren geflieste
Fresken, und ihr sitzt an stilechten Bistrotischen. Der freundliche
Service zerlegt euch das Steak Tatar direkt am Tisch, mit den Maca-
rons könnt ihr euch anschließend gegenseitig füttern. Oder ihr fahrt
richtig auf und bestellt Kaviar zum Champagner.

⌾ cafeparishamburg
www.cafeparis.net

 Tipp

Im Café Paris könnt ihr auch frühstücken – zum Beispiel Austern
oder ganz klassisch Croissant und Café au Lait.

Haco

Nordisch by Nature vom Teller bis zur Einrichtung

St. Pauli
Clemens-Schultz-Straße 18, 20359 Hamburg

Küchenchef Björn kocht mit seinem Team auf St. Pauli zwischen Spelunken und Kiosken auf Sterneniveau. Alles, was auf den Tisch kommt, stammt aus Norddeutschland und wird knallhart auf Qualität und Saisonalität überprüft.

Serviert werden unglaublich feine Fisch- und Fleischgerichte und auch vegetarische Kreationen, die wie kleine Gemälde die Teller schmücken. Fast zu schade zum Essen, wären sie geschmacklich nicht so grandios. Wer eine kulinarisch interessierte Begleitung hat, wird sein Date hier begeistern.

⊙ restauranthaco
www.restaurant-haco.com

Heemann

Norddeutsche Tapas zum Teilen

Eimsbüttel
Eppendorfer Weg 159, 20253 Hamburg

Liebe geht ja bekanntlich durch den Magen, aber kann euer Date auch teilen? Ein perfekter Laden, um das zu testen, ist das Heemann im Eppendorfer Weg. Das Restaurant mit dem auffälligen schwarzen Eingang serviert euch Tapas à la Norddeutschland. Das bedeutet, ihr bekommt Sauerkirsch-Gazpacho oder gezupfte Lammschulter mit Polenta als kleine Portionen zum Teilen. Wenn euer Date nicht besteht, bestellt ihr euch allein eine große Portion – die gibt es im Zweifelsfall nämlich auch.

☺ heemann.hamburg
www.heemann.hamburg

Jellyfish

Sterneküche ohne Schickimicki

Eimsbüttel
Weidenallee 12, 20357 Hamburg

Hamburg ist als Hafenstadt natürlich prädestiniert für feine Fischrestaurants. Besonders raffiniert macht es das unaufdringlich moderne Jellyfish unweit der Schanze, das für seine Küche mit einem Michelin-Stern prämiert wurde.

Alles aus dem Meer landet hier in anspruchsvollen Gerichten auf den Tellern, dazu wird edler Wein gereicht. Am besten bestellt ihr ein Menü mit Weinbegleitung – das haut jeden Fischfan garantiert aus den Socken. Die restliche Kleidung fällt dann zu Hause.

@ jellyfishhamburg
www.jellyfish-restaurant.de

Kitchens

Um die Welt dinieren in der Hafencity

Hafencity
Am Sandtorkai 46, 20457 Hamburg

Das Kitchens in der Hafencity verfolgt ein spannendes Konzept: In regelmäßigen Abständen widmen sich Küchendirektor Markus und sein Team einer anderen Region der Welt, deren traditionelle Küche einmal auf den Kopf gestellt und neu interpretiert serviert wird.

Bisher ging es dabei zum Beispiel nach Schweden, Istrien und Südtirol. Die unzähligen Bilder an den Wänden erzählen von den kulinarischen Reisen, die das Team unternommen hat.

◎ kitchens.restaurant
www.kitchens-hamburg.de

Tipp

Hierher könnt ihr auch euer veganes Date ganz ohne Einschränkungen ausführen.

Kleine Brunnenstraße 1

Feines Dinner in Jeans und Sneakern

Ottensen
Kleine Brunnenstraße 1, 22765 Hamburg

Draußen wird die verwunschen bewachsene Altbaufassade der Kleinen Brunnenstraße 1 von flackernden Fackeln erhellt. Der Duft köstlicher Speisen liegt in der Luft. Andreas und sein Team bereiten in der Küche Gerichte für ihr saisonal variierendes Menü zu, von ligurischer Fischsuppe bis hin zu rosa gebratenem Lamm. Auf den Tisch kommen zwar feine, durchdachte Gerichte, euren Anzug müsst ihr für einen Besuch aber nicht aus dem Schrank kramen – perfekt also für ein entspanntes Date, das trotzdem High-Class-Küche verdient. Unbedingt probieren: Das Überraschungsmenü, bei dem das Team ein Best-of des Restaurants für euch zusammenstellt.

ⓞ kleinebrunnenstrasse1
www.kleine-brunnenstrasse.de

Krug

Speisen, wo die Beatles gehaust haben

St. Pauli
Paul-Roosen-Straße 35, 22767 Hamburg

Das Krug in der Paul-Roosen-Straße wirkt beinahe unwirklich. Wie aus einem Märchen entsprungen versteckt sich das kleine Restaurant hinter einer mit Efeu bewachsenen Fassade in einem bunten Altbauhaus. Gleich nebenan haben zu Beginn ihrer Karriere die noch unbekannten Beatles während eines frühen Hamburgaufenthalts gewohnt.

Heute gibt es hier ehrliche, bodenständige Küche. Aus Fisch-, Fleisch- und Veggie-Gerichten könnt ihr euch ein Menü zusammenstellen. Gekocht wird nach Saison, und zu jedem Gericht verrät euch der Service passenden ausgewählten Wein. Einem magischen Abend steht hier nichts im Weg!

@ krughamburg
www.krughamburg.de

Nil

Romantischer Blickkontakt
übers Salatbouquet

St. Pauli
Neuer Pferdemarkt 5, 20359 Hamburg

Wer vielleicht schon über einen Antrag nachdenkt und keine Angst vor Aufmerksamkeit hat, sollte im Nil reservieren und nach einem Tisch an der Balustrade fragen. In dem ehemaligen Schuhgeschäft schaut ihr dann nämlich auf einen riesigen Kerzenleuchter, während ihr an einem weiß gedeckten Tisch sitzt und euch ein fantastisches Menü aus saisonalen Gerichten schmecken lasst. Um die Nerven zu beruhigen, nehme man einen großen Schluck Negroni – der hat hier nämlich Tradition und ist besonders köstlich.

◎ nil_hamburg
www.restaurant-nil.de

Tipp

Lest auf keinen Fall einfach über den Salat hinweg, der schmeckt im Nil nämlich so gut wie kaum woanders.

Speisewirtschaft

Ein Fest für alle Fleischesser*innen

Winterhude
Poelchaukamp 18, 22301 Hamburg

Für ein veganes Date ist diese Empfehlung definitiv nichts. Die Speisewirtschaft besteht aus zwei Räumen: In einem befindet sich eine Metzgerei, im anderen das Restaurant. Verbunden sind die beiden durch eine Küche mit Grill. Das Steak landet aus der Theke also direkt auf dem Rost und dann auf eurem Teller.

Für gute Stimmung sorgt außerdem der grandiose Service, der euch mit besten Espresso Martinis versorgt, bis ihr euch nur noch verliebt anschauen könnt – wir sprechen aus Erfahrung.

speisewirtschaft.hh
www.speisewirtschaft.com

Wallter's

Steak mit Fleetblick

Hamburger Innenstadt
Alter Wall 12, 20457 Hamburg

Wenn die letzten Läden zugemacht haben, kommt die Innenstadt fast wie eine Geisterstadt daher. Doch ihr müsst nur ein bisschen genauer suchen: Zwischen Rathaus und Alsterkanal findet ihr so das Wallter's, das feine Fleischgerichte und passenden Wein serviert.

Nicht nur für die Businessmenschen der umliegenden Büros lohnt sich ein Besuch, auch euer Date könnt ihr hierher entführen. Denn bei Kerzenschein und Blick auf die Alster wird es trotz (oder vielleicht auch wegen) der rauen Betonwände wunderbar gemütlich, gar romantisch. Lasst euch nicht abschrecken, wenn euer Date vegetarisch ist. Wir empfehlen neben dem fantastischen Entrecôte oder Filet das vegetarische Tatar oder die vegane gegrillte Aubergine.

☺ wallters_restaurant
www.wallters.de

Kaffeeklatsch

Hamburg ist Kaffeestadt. Das war schon vor über hundert Jahren so, als die ersten Kaffeebohnen von Segelschiffen über die Elbe in die Stadt gebracht und in der Speicherstadt verladen wurden.

Heute duftet es noch immer an jeder Straßenecke, denn überall werden eigene Coffee Blends hergestellt und Bohnen aus Nicaragua, Äthiopien oder Kolumbien bis zur Perfektion geröstet. Den damit gekochten Cappuccino, Flat White oder Filterkaffee genießen wir dann für unsere tägliche Dosis Koffein in den vielen kleinen Cafés der Stadt.

Der Kaffeeklatsch ist für uns nicht nur Tradition, sondern eine der schönsten Beschäftigungen überhaupt: Freund*innen auf einen Kaffee und ein Stück Kuchen treffen und sich über dies und jenes austauschen – Herrlichkeit!

1 BLACK DELIGHT

Black Delight röstet in Altona eigenen Kaffee –
in Ottensen kann er dann als Flat White, Filterkaffee oder Espresso getrunken werden. Am
besten vor der Tür beim Menschengucken.

blackdelight, www.blackdelight.de

3 CODOS COFFEE ROASTERY & KITCHEN

In der Codos Coffee Roastery in Ottensen könnt
ihr den Bohnen beim Rösten zuschauen – mitten
im Laden steht die Röstmaschine. Bestellt euch
ein Frühstück und ordert regelmäßig Kaffee nach.

codoscoffee, www.codos.com

2 BLANCO COFFEE

Bestellt hier in eurer Kaffeepause auf jeden Fall den köstlichen veganen
Zitronenkuchen zu eurem Cappuccino dazu. Wer auch zu Hause guten
Kaffee möchte, nimmt den House Blend direkt mit.

cafe.blanco

5 ELBGOLD

In den Schanzenhöfen findet ihr das wunderschöne Elbgold, das nicht nur besten Cappuccino aus eigenen Röstungen serviert, sondern auch geiles Gebäck wie den Cronut.

elbgoldkaffee, www.elbgoldshop.com

4 EL ROJITO

Hier wird Kaffee solidarisch eingeschenkt. El Rojito hat es sich zur Aufgabe gemacht, fairen und sozialen Kaffee unter die Hamburger*innen zu bringen. Finden wir klasse und gut schmeckt's auch noch!

elrojitokaffee, www.el-rojito.de

6 KROPKÅ

Schnappt euch ein gutes Buch, bestellt einen Kaffee und macht es euch an den großen Fenstern gemütlich. Köstlicher Kaffee und bester Ausblick – was will man mehr?

daskropka, www.daskropka.de

1 **Black Delight** Friedensallee 32, Ottensen
2 **Blanco Coffee** Bartelsstraße 2, Sternschanze
3 **Codos Coffee Roastery & Kitchen**
  Bahrenfelder Straße 137–139, Ottensen
4 **El Rojito** Große Brunnenstraße 68, Ottensen
5 **Elbgold** Lagerstraße 34C, Sternschanze
6 **Kropkå** Eppendorfer Weg 174, Hoheluft-West

7 LIEBES BISSCHEN

Das Liebes Bisschen ist der Place to be für einen ausgiebigen Kaffeeklatsch. In dem hübschen Café am Spritzenplatz gibt es nämlich alles, was wir dafür brauchen: übergroße Tassen mit herrlichem Cappuccino und dazu fantastische Torten oder Mini-Cupcakes.

◎ liebesbisschencafe, www.liebes-bisschen.de

8 PETIT CAFÉ

Kaffee trinken à la française: Bestellt euch ein buttriges Croissant und tunkt es mit einem zufriedenen Seufzer in den großen, deliziösen Milchkaffee. Oh là là, so gefällt uns das.

◎ petitcafehamburg, www.petitcafe-hamburg.de

9 PLAYGROUND COFFEE

Eine Spielwiese für Kaffeefans gibt es auf St. Pauli etwas abseits vom Trubel. Hier bekommt ihr feine frisch geröstete Coffee Blends und einen netten Schnack dazu.

◎ playgroundcoffee, www.playground-coffee.com

10 PUBLIC COFFEE ROASTERS

Den Anfang nahm alles mit einer winzigen Filiale in der Wexstraße, heute gehören die Public Coffee Roasters einfach zu Hamburg – geröstet wird der Kaffee übrigens auf der Elbe.

publiccoffeeroasters, www.publiccoffeeroasters.com

11 STOCKHOLM ESPRESSO CLUB

Die perfekte Erholung von einem langen Bummel über den Goldbekmarkt findet ihr hier bei extra starkem Cappuccino oder Filterkaffee aus der eigenen Röstung.

stockholmespressoclub,
www.stockholmespressoclub.de

Einmal um die Welt

Von wegen Hamburg hat außer Fischbrötchen nicht viel zu bieten. In der Hafenstadt braucht ihr euer Viertel meist nicht einmal verlassen und könnt euch trotzdem um den ganzen Globus futtern.

Egal ob ihr auf der Suche nach authentischer mexikanischer Küche seid, wirklich scharfes indisches Essen suchtet oder dringend eine richtig gute Pizza wie in Neapel verdrücken müsst, um euer Fernweh zu lindern: In Hamburg werdet ihr garantiert fündig. Wir nehmen euch mit auf eine kulinarische Reise um die Welt!

A–Z
1   AuthenTikka
2   Bistro L'Emir
3   Brooklyn BBQ Bar
4   El Jardín
5   Kuchnia
6   Marta
7   Mexiko Strasse Taquería
8   Momo Ramen
9   Salt & Silver Zentrale
10 Seoul 1988
11 Spezzagrano

AuthenTikka

Indien in vielen kleinen Schüsselchen entdecken

Eimsbüttel
Schäferkampsallee 41, 20357 Hamburg

Authentisch sein – das kann das AuthenTikka. In dem Restaurant in Eimsbüttel bekommt ihr haufenweise indische Spezialitäten serviert, die geschmacklich absolut überzeugen. Das Butter Chicken? To die for.
Wer möglichst viel probieren will, bestellt erstmal die Chaats (gemischte Vorspeisen in kleinen Schüsselchen) vorweg und teilt sich danach am besten verschiedene Hauptgerichte und Sides. Wenn ihr überfordert seid und nicht wisst, wo ihr anfangen sollt, fragt den supernetten Service.

@ authen.tikka
www.authentikka.de

Bistro L'Emir

Little Lebanon in Winterhude

Winterhude
Gertigstraße 23, 22303 Hamburg

Ihr wollt euch mithilfe von kleinen Schälchen ganz weit weg futtern? Das funktioniert hervorragend im Bistro L'Emir in der Gertigstraße.

Am besten bestellt ihr euch die gemischten Mazza als Vorspeise und kostet so Falafelbällchen, verschiedene Dips, würziges Gemüse und frisches Pitabrot. Weiter geht's mit libanesischen Leckereien wie Manakish oder Fattoush. Besitzer Samer erklärt euch genau, was auf dem Tisch landet. Lecker ist es hier – und hübsch!

@ bistro_lemir
www.bistrolemir.de

Brooklyn BBQ Bar

Living the American Dream in Ottensen

Ottensen
Bahrenfelder Straße 221, 22765 Hamburg

Unser kulinarisches Highlight aus den USA ist definitiv Barbecue. Langsam gegartes Fleisch, das nach Stunden widerstandslos vom Knochen rutscht und mit deftiger BBQ-Sauce serviert wird, klingt vielleicht nach Tennessee, gibt es aber auch in Ottensen.

In der Brooklyn BBQ Bar werden euch Pulled Beef, Ribs oder Burger par excellence serviert – dazu finden sich Schweinereien wie Mac 'n' Cheese, Parmesan Mash und Loaded Nachos auf der Karte. Und wer länger bleiben will, bekommt hier auch fantastische Drinks.

◎ brooklynbbqbarhh
www.brooklynbbqbar.de

El Jardín

Olé: Spanische Tapas und bester Wein

Ottensen

Arnoldstraße 2, 22765 Hamburg

Der Sommer in Hamburg ist ja meist kurz und oft auch eher kühl. Wer zu jeder Jahreszeit das Gefühl einer lauen spanischen Sommernacht erleben möchte, geht zu El Jardín. Julia und Alex haben sich in Spanien kennengelernt und die Tapaskultur mit an die Elbe gebracht. Gönnt euch gegrillten Pulpo, hauchdünnen Jamón, Tortilla de Patatas und Tortillachips mit Guacamole. Noch besser wird der Abend dank spanischer Weine und verboten guter Margaritas.

@ eljardinhamburg

www.eljardinhamburg.com

Kuchnia

Erst Pierogi, dann Wodka satt

St. Pauli
Talstraße 87, 20359 Hamburg

Abseits vom Kieztrubel findet sich etwas versteckt das Kuchnia.
Hier gibt es nicht nur superleckere polnische Spezialitäten wie Bigos,
gefüllte Pierogi (unbedingt mit Kraut-Pilz-Füllung probieren!) und
Blini mit hausgeräuchertem Lachs oder Kaviar und Sauerrahm,
sondern auch die vielleicht größte Auswahl an Wodka in ganz
Hamburg. Mit Freund*innen bestellt ihr den Schnaps in der Karaffe
mit eingelegten Gurken und macht euch einen fantastischen feuchtfröhlichen Abend.

@ kuchnia_hamburg
www.kuchnia-wodkabar.eatbu.com

Marta

Vom Wochenmarkt vor der Tür
direkt auf den Teller

Ottensen

Spritzenplatz 4, 22765 Hamburg

Weit weg denken kann sich ja jede*r. Das dachten sich zumindest Freddy und Bobby und haben ihr Konzept deswegen ganz auf Norddeutschland ausgerichtet. Auf den Teller kommt hier nur, was gerade Saison hat und sich möglichst regional kaufen lässt – am besten direkt auf dem Wochenmarkt vor der Tür. Im Marta bekommt ihr wunderschön angerichtete Sterne-like Küche, immer sowohl vegan als auch mit Fisch und Fleisch. Geräuchert wird übrigens selbst im Innenhof.

@ marta.restaurant

www.restaurant-marta.de

Mexiko Strasse Taquería

Die Tacos mit ordentlich Mezcal runterspülen

St. Pauli

Detlev-Bremer-Straße 43, 20359 Hamburg

Mexiko ist euch zu weit weg? Dann ab auf den Kiez, denn dort findet ihr im Souterrain die Mexiko Strasse, die euch authentische Tacos und andere mexikanische Spezialitäten serviert: zum Beispiel die Mais-Tacos mit Rib-Eye und Koriander, Garnelen und schwarzen Bohnen, Ziegenkäse mit Hibiskusblüten oder Schweinefleisch vom Spieß mit Ananas und Chili. Dazu gibt es beste Drinks auf Mezcal- oder Tequila-basis – und zack, seid ihr nicht mehr auf St. Pauli sondern in Mexico City!

⊚ mexikostrasse

www.mexikostrasse.com

Tipp

Unbedingt die Guacamole mit Asche und
Röstzwiebeln probieren – to die for!

Momo Ramen

Dicke Nudeln und scharfe Suppen

Eimsbüttel
Margaretenstraße 58, 20357 Hamburg

Gerade an Schietwettertagen gibt es nichts Besseres als eine große Schüssel heißer Suppe. Und die leckerste aller Suppen ist unserer Meinung nach japanische Ramen. Sie ist schließlich nicht umsonst der Inbegriff von umami. Bei Momo Ramen schlürft ihr die dicken Nudeln und die herzhafte Brühe ganz nach eurer Vorstellung vegan, vegetarisch oder fleischig. Mit Ei, Schweinebauch oder veganem Hack. Superspicy oder etwas milder. Nur eins ist sicher: Danach fühlt ihr euch warm und wohlig und der Regen kann euch nichts mehr anhaben.

⌾ momoramen_hamburg
www.momo-ramen.de

Salt & Silver Zentrale

Ein Ticket von Hamburg
in die Levante-Küche

St. Pauli
St. Pauli Hafenstraße 136–140, 20359 Hamburg

Während ihr den Sonnenuntergang hinter den Palmen des Park Fiction beobachtet, verwöhnt euch das Team rund um Cozy und Jo mit Mezze, die von ihren Reisen in den Libanon und nach Israel erzählen. Auf dem Rückweg hatten sie nicht nur ganz viel Inspiration im Gepäck, sondern auch außergewöhnliche Zutaten.

Am besten geht ihr mit einer Gruppe in die Salt & Silver Zentrale, bestellt einmal die Karte rauf und runter und teilt euch Ceviche im Levante-Style, Baba Ganoush und genialen Hummus. Getoppt wird der leckere Abend von den sehr guten Drinks.

saltandsilver.restaurants
www.saltandsilver.de/restaurants

Seoul 1988

K-Pop, Kimchi und Korean BBQ

Hamburg-Altstadt
Mohlenhofstraße 7, 20095 Hamburg

Südkorea steht mit seiner Hauptstadt Seoul definitiv auf unserer Reise-Bucket-Liste. Wer es gar nicht mehr erwarten kann, braucht zumindest für einen kulinarischen Ausflug nur in die Altstadt reisen. Hier könnt ihr Bibimbap mit hausgemachtem Kimchi probieren, oder ihr kommt am Abend zu einem ausgiebigen Korean BBQ vorbei. Dann grillt ihr auf der in den Tisch eingelassenen Metallplatte selbst das marinierte Fleisch und Gemüse, während im Hintergrund K-Pop dudelt.

☺ seoul1988_hamburg
www.1988seoul.com

Spezzagrano

Pizza wie auf einer trubeligen Piazza in Neapel essen

Barmbek-Nord
Fuhlsbüttler Straße 300, 22307 Hamburg

Wer liebt denn bitte keine Pizza? Eben! Unser Herz schlägt höher, wenn wir an die Pizza vom Spezzagrano denken. Die kommt hier nämlich frisch geknetet, wunderbar fluffig und reichhaltig belegt direkt aus dem Ofen – und dabei könnt ihr dank offener Küche sogar zuschauen. Auch das Bruschetta, den Wein und das Cremoso al Mascarpone mit Espresso zum Abschluss solltet ihr euch nicht entgehen lassen. Drinnen und auf der Terrasse ist es laut und herzlich und aus Nordhamburg wird ganz schnell Napoli – Amore!

⊙ spezzagrano_hh

Tipp
Bestellt zur Vorspeise Arancini – frittierte Reisbällchen, die ihr so sonst nur auf Sizilien findet.

Quick & Dirty

An manchen Tagen mögen wir es gern so richtig schlotzig. Das Essen soll triefen vor Fett und mindestens einmal durch eine Fritteuse gejagt worden sein. Statt Schickimicki wollen wir etwas Deftiges auf die Hand, um es schnell auf dem Weg zur Bahn zu verdrücken. Oder wir brauchen in der Mittagspause eine reichhaltige Mahlzeit, die uns die nötige Energie für den anstehenden Meetingmarathon gibt. Salat kommt dabei höchstens als ignorierte Beilage oder in einem Burger Bun eingequetscht vor – die Hauptrollen spielen dann Käse, Pommes und herzhafte Saucen.

Azeitona

Kichererbsenträumchen im Karoviertel

Karolinenviertel
Beckstraße 17, 20357 Hamburg

Berlin hat den besten Döner – Hamburg die besten Falafel. An vielen Orten in der Hansestadt schmecken die frittierten Bällchen wirklich verdammt gut. Zum Beispiel bei Azeitona, einem kleinen libanesischen Imbiss in der schönen Beckstraße.

Allein für die hübsche Straße lohnt sich der Weg schon, on top bekommt ihr hier auch noch astreine Kichererbsenbällchen in frisch gebackenem Brot mit hausgemachten Saucen. Die meisten nehmen alles auf die Hand, ihr könnt aber auch fantastische gemischte Vorspeisenteller oder einen Falafel-Burger bestellen und alles im kleinen Gastraum verspeisen.

www.azeitona.de

Bullerei

Tims berühmt-berüchtigte Bolognese verspeisen

Sternschanze
Lagerstraße 34B, 20357 Hamburg

Die Bullerei ist für alle Schanzenmenschen DIE Anlaufstelle für einen schnellen, äußerst leckeren Lunch. Das Restaurant von Tim Mälzer ist glücklicherweise so gar kein Promirestaurant, sondern seit Jahren eine feste Institution in den Schanzenhöfen. Abends kommt ihr zum üppigen Dinner mit regionalen Fleischspezialitäten vom Grill, mittags gibt es im Deli deftige Senfeier, die berühmte Bolognese von Tim und spannende Burgerkreationen.

 bullerei
www.bullerei.com

Tipp
Hier könnt ihr super Besuch mit hinnehmen, egal ob privat oder zum Businesslunch!

Erika's Eck

Gönnung all night long in der Schanze

Sternschanze
Sternstraße 98, 20357 Hamburg

In den 60er-Jahren entstand Erika's Eck an den Schlachthöfen, um
die hungrigen Arbeiter*innen während ihrer Schichten zu versorgen.
Hungrige Mäuler werden hier auch heute noch mit Klassikern wie
Schnitzel, Bratkartoffeln, frischem Mettbrötchen oder Gulaschsuppe
gestopft. Gönnt euch in diesem bodenständigen Kultladen, der euch
sowohl mittags um zwölf als auch nachts um drei mit offener Küche
empfängt. Bier gibt es auch – natürlich frisch gezapft.

ⓘ erikas_eck
www.erikas-eck.de

Jim Burrito's

Die käsigsten Quesadillas der Stadt

Sternschanze
Schulterblatt 12, 20357 Hamburg

Fast unauffällig wirkt Jim Burrito's zwischen dem bunten Treiben auf dem Schulterblatt – bis man den Laden betritt und einem knallbunte Wrestlingmasken entgegengrinsen. Ihr wartet an abgenutzten, dunklen Holztischen, während in der Küche große Portionen Quesadillas und riesige Burritos zubereitet werden. Die könnt ihr dann in hausgemachte Guacamole dippen und mit einem leisen, glücklichen Seufzen mampfen. Die perfekte Anlaufstelle für einen deftigen Lunch oder um sich auf einen Abend auf dem Blatt vorzubereiten.

ⓞ jimburritoscantina
www.jimburritos.com

Kimo

Abtauchen für den besten Falafel-Dürüm

Sternschanze

Schanzenstraße 111, 20357 Hamburg

Im Souterrain gegenüber der S-Bahn-Station Sternschanze befindet sich das Kimo. Hier heißt es Kopf einziehen und ab in den kleinen Laden, in dem auf wenigen Quadratmetern leckerste Falafel frittiert und in frisches Brot gerollt werden. Dazu gibt es eingelegtes Gemüse, einen ordentlichen Schlag Hummus und Tahinisauce.

Wer nicht auf dem Sprung ist, kann auch einen großen Falafelteller für superfaire 5,50 Euro vor Ort verdrücken. Neben Falafel lohnen sich auch das Shawarma oder die frisch gegrillten Merguez.

⌾ falafelkimo

www.falafel-kimo.com

Tipp

Profis bestellen den Falafel Kimo – dann bekommt ihr von allem etwas.

Kleine Pause

Eine Institution auf St. Pauli

St. Pauli
Wohlwillstraße 37, 20359 Hamburg

Erinnert ihr euch noch an die Burger, die man früher auf Kinder-
geburtstagen gegessen hat? Schön mit Remoulade und ordentlich
Röstzwiebeln. Genau so schmecken die Burger in der Kleinen Pause.
Den Laden gibt es schon seit Ewigkeiten und er hat sich in all der Zeit
kaum verändert. Der derb-herzliche Service haut hier Patties und
Currywürste auf den Grill und die Pommes in die Fritteuse. Freitags
stehen beschwipste Hamburger*innen Schlange für Doppeltfrittier-
tes – und für Caipis für sagenhafte 2,66 Euro.

ⓘ kleine_pause_bistro_kneipe
www.kleine-pause.de

Kohldampf

Schlotzige Leckereien in Barmbek

Barmbek-Süd
Weidestraße 85, 22083 Hamburg

Bringt ordentlich Appetit mit, wenn ihr im Kohldampf aufschlagt. Die Burger und Sandwiches sind nichts für den kleinen Hunger und lohnen sich besonders, wenn ihr am Abend zuvor ein wenig zu tief ins Schnapsglas geschaut haben solltet.

Die Speisekarte lässt verkaterte (oder auch einfach lüsterne) Herzen höher schlagen: Mit besten Burgern mit doppeltem Rindfleischpatty, gegrillten Champignons, Pulled-Pork- oder Pulled-Jackfruit-Sandwiches mit Cole Slaw, hausgemachten Saucen und knusprigen Süßkartoffelpommes schickt euch das Kohldampf geradewegs in ein köstliches Food-Koma.

@ kohldampf_mampf
www.kohldampf-mampf.de

La Casita

Fiesta Mexicana an der Feldstraße

Karolinenviertel
Neuer Kamp 30, 20357 Hamburg

In dem kleinen Backsteinhäuschen direkt gegenüber der U-Bahn-Station Feldstraße bekommt ihr köstliche Tacos, Empanadas und Quesadillas, die euch von einem Urlaub in Mexiko träumen lassen. Besitzer Ernesto und Juan Carlos wissen, wie man das Fleisch zart und die Guacamole cremig hinbekommt. Wir nehmen die Leckereien auf die Hand und setzen uns an den Lattenplatz oder verdrücken sie schnell im Stehen. Wer Glück hat, ergattert einen Platz direkt vor dem Häuschen. Achtung: Bei gutem Wetter ist die Schlange lang!

@ la_casita_hamburg

Mr. Kebab

Dürüm-Köfte als Corner-Snack
am Grünen Jäger

St. Pauli
Beim Grünen Jäger 1, 20359 Hamburg

Dürüm, Döner, Köfte: You name it, they've got it! Bei Mr. Kebab gibt
es Döner auf die Hand für ganz Schnelle oder Köfte-Teller für eine
zackige Mittagspause im Sitzen. Ersterer ist vor allem ideal, wenn ihr
vor der Tür cornert und irgendwann zwischen Bier vier und sieben
Hunger auf etwas Deftiges bekommt. Auch Veggies werden hier satt
und glücklich: Probiert unbedingt die genialen Zucchinipuffer mit
Cacık oder die wirklich sehr guten Falafel.

🖸 mrkebabstpauli
www.mr-kebab.eatbu.com

75

Otto's Burger

Bombastische Burger verputzen

Sternschanze
Schanzenstraße 58, 20357 Hamburg

Burger sind gern mal zu mächtig, zu fettig, zu trocken. Außer ihr geht zu Otto's Burger, denn die wissen, was zwischen zwei fluffige Bun-Hälften gehört. Wir bestellen hier am liebsten den Mr. T mit Senfkruste am Patty, karamellisierten Zwiebeln und ordentlich Käse. Dank eigens entwickelter Portland-Patties könnt ihr alle Burger auch als vegane Variante bestellen. Dazu gibt es schlotzigen Cole Slaw oder knusprige Pommes, am liebsten mit Trüffel- oder Parmesan-Mayo. Ein Tempel für absoluten Hamburgergenuss!

@ ottosburger
www.ottosburger.com
Tipp
Probiert unbedingt die veganen Nuggets –
perfektes Kater-Food.

Pizza Bande

Grundlage schaffen auf St. Pauli

St. Pauli
Lincolnstraße 10, 20359 Hamburg

Wenn ihr gerade zum Vorglühen auf dem Kiez unterwegs seid, dann denkt immer daran: Wer Grundlage schafft, leidet am nächsten Tag nur halb so schlimm. Lecker und schnell sorgt ihr dafür bei der Pizza Bande, die etwas abseits von der Reeperbahn ihr Zuhause hat.

Hier gibt es knusprige Pizza, vor allem auch vegan, die ihr auf die Hand nehmen oder an den derben Holztischen verzehren könnt. Profis nehmen den Pizzakarton mit zum Park Fiction und genießen ihre Stücke mit Elbblick.

🖵 pizza_bande
www.pizza-bande.de

Stil

STIL

Nachhaltigkeit ist zum Glück schon lange kein Trendthema mehr, sondern in der Mitte unserer Gesellschaft angekommen. Und das auf jeden Fall zu Recht. Denn umweltbewusst zu konsumieren muss nicht direkt Verzicht bedeuten – ganz im Gegenteil! Mittlerweile gibt es richtig viele, richtig gute alternative Produkte, die fair und ressourcen-schonend hergestellt werden.

Ganz egal ob ihr euren Kühlschrank, Vorrats-schrank, Kleiderschrank oder Badezimmerschrank füllen möchtet – nachhaltig und fair ist cool, auch dank der fantastischen Läden, die wir euch hier vorstellen. Dabei muss sich niemand überfordert fühlen, denn jeder nachhaltige Schritt, mag er noch so klein sein, ist ein Schritt in die richtige Richtung.

STIL

Ahrens Ahrens

Permanente Bindung dank feinster Schmiedekunst

Hamburger Innenstadt
Hütten 112, 20355 Hamburg

Die beiden Schwestern Heike und Anne-Katrin führen in Hamburg und Berlin die Goldschmiedeleidenschaft ihres Großvaters weiter. Heike entwirft und kreiert in der kleinen Goldschmiedestube in der Innenstadt verschiedene Schmuckstücke aus dem Altgold vererbter Schmuckstücke oder sogar aus Zahngold. Wer auf der Suche nach einem besonderen Geschenk für Partner*in, Mama oder die beste Freund*in ist, wird hier bestimmt fündig. Bei Ahrens Ahrens könnt ihr euch sogar ganz persönlich angepasste, zarte permanente Armbänder ans Handgelenk schweißen lassen.

☺ ahrens.ahrens
www.ahrensahrens.com

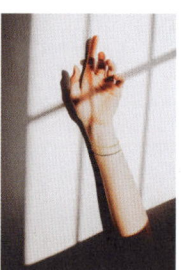

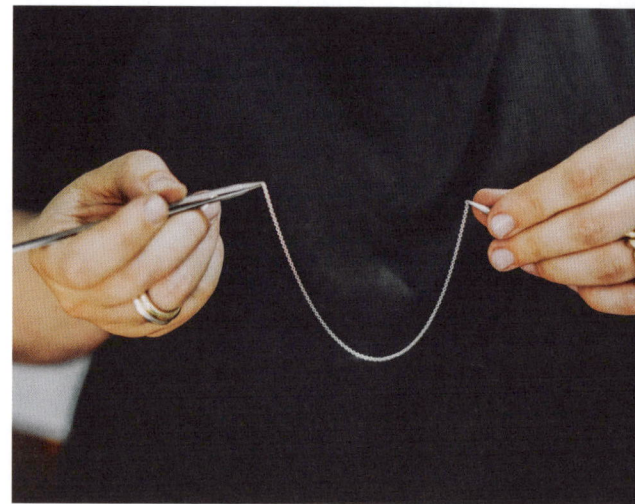

B-Lage

Franzbrötchen-Socken und kunterbunte Haarspangen shoppen

Sternschanze
Kampstraße 11, 20357 Hamburg

In der B-Lage findet ihr Produkte von tollen kleinen Start-ups, darunter freche Printshirts, außergewöhnlichen Schmuck und allerlei Kleinigkeiten für die Wohnung. Dabei darf das Franzbrötchen-Motiv natürlich nie fehlen. Inhaberin Vanessa will mit ihrem Collective-Design- und Pop-up-Store eine Fläche für kreative Menschen und ihre Ideen schaffen – was ihr definitiv gelingt. Mit leeren Taschen werdet ihr hier sicherlich nicht rausgehen.

@ b_lage_shop
www.b-lage.hamburg

Bio.lose

Nudeln, Mehl und Nüsse nackig kaufen

Eimsbüttel
Osterstraße 81, 20259 Hamburg

Marc und Moritz haben Bock auf Verpackungslosigkeit: In ihrem Geschäft in der Osterstraße könnt ihr alles einkaufen, was auch in einem
normalen Supermarkt in euren Einkaufswagen wandern würde – nur
eben ohne Verpackung. In praktischen Abfüllern gibt es bei Bio.lose
von Linsen über Kokosflocken bis hin zu Nudeln in verschiedenen
Varianten vieles für Kund*innen zum Selbstabfüllen. Auch frisches
Bio-Obst und -Gemüse könnt ihr hier kaufen. Die Inhaber empfehlen
natürlich wiederverwendbare Verpackungen, zum Beispiel Gläser,
Baumwollbeutel oder Tupperdosen.

ⓞ bio.lose
www.biolose.de

Glore

Die Lieblingshose zum Jeans-Doktor bringen

Karolinenviertel
Marktstraße 31, 20357 Hamburg

Konsumieren und dabei Gutes tun – das verspricht ein Shopping-
rausch im Glore in der Marktstraße. Hier gibt es fair gehandelte
T-Shirts, Kaffeebecher, Handtücher und vieles mehr. Vor allem das
große Regal mit fair produzierten Jeans fällt direkt ins Auge. Ihr könnt
eure löchrigen Lieblingsjeans hier übrigens auch reparieren lassen!
In dem cleanen, aufgeräumten Laden entdeckt ihr vermutlich immer
Dinge, die ihr direkt mit nach Hause nehmen möchtet.

ⓘ glore_hamburg
www.glore-hamburg.de

Hobenköök

Das kulinarische Paradies im Oberhafen

Hafencity
Stockmeyerstraße 43, 20457 Hamburg

Es gibt Orte, die betritt man und denkt sich: „Krass, warum ist eigentlich vorher niemand auf diese Idee gekommen?" Genau das passiert in der Hobenköök, plattdeutsch für Hafenküche. In der Location im Oberhafen wird Zukunft geschrieben: Die Hobenköök ist nämlich nicht nur Restaurant, sondern auch Markthalle. Regional, saisonal und nachhaltig sind hier keine Buzzwörter, sondern der ehrliche Fokus des Projekts. Hier könnt ihr euch mit allen möglichen Lebensmitteln eindecken: von Äpfeln aus dem Alten Land bis hin zu Ziegenmilch aus dem Hamburger Umland.

⊙ hobenkoeoek
www.hobenkoeoek.de

Human Empire Shop

Postkarten, Poster und Papas Geburtstagsgeschenk kaufen

Eimsbüttel
Schulterblatt 132, 20357 Hamburg

Am Rande des Schanzenviertels findet ihr den kleinen und von außen etwas unscheinbar wirkenden Laden von Wiebke und Jan. Die beiden bieten im Human Empire alles an, was die Wohnung und die Menschen in der Wohnung schöner macht. Von trendigen Pflanzen wie der Pilea oder Monstera bis hin zu ästhetischen Kunstdrucken und skandinavischen Kleidungsstücken. Wem der Weg vom Sofa aus zu weit ist, kann sich über den Onlineshop alles bequem nach Hause bestellen.

@ humanempire
www.humanempireshop.com

S
T
I
L

Kaufmannsladen

Einkaufen wie bei Tante Emma

Ottensen
Bahrenfelder Straße 203, 22765 Hamburg

Ein Fels in der Brandung: Dieses kleine Geschäft mit dem absolut zutreffenden Namen fühlt sich tatsächlich noch wie ein echter Kaufmannsladen an. In den vollgestopften Räumen stehen deckenhohe Regale voller Haushaltsutensilien; dazu werden Leckereien wie selbst gekochte Marmelade, leckeres Trockenobst, exotische Gewürze und frische Backwaren angeboten. Wer auf der Suche nach einem wirklich ehrlichen und bodenständigen Laden ist, ist hier in Ottensen an der richtigen Adresse.

◎ kaufmannsladenhamburg
www.kaufmannsladen.de

Nosame

Individualisierung revolutionieren

Hamburger Innenstadt
Steinwegpassage 4, 20355 Hamburg

Kennt ihr das, wenn ihr euch in ein T-Shirt verliebt habt, aber die Stickerei ist eurer Meinung nach auf der falschen Seite angebracht oder gar zu groß oder zu klein? Ha! Im Nosame Concept Store in der Neustadt gibt es die Lösung eures Problems: Hier könnt ihr T-Shirts, Hoodies, Sweater, Portemonnaies, Cardholder, Kalender und Notizbücher einfach prägen und besticken lassen. Die Waren, die ihr individualisieren könnt, sind ökologisch und sozial nachhaltig produziert und stammen bevorzugt aus lokalen Quellen.

☉ nosame.hh
www.nosame.de

Salzwasser

Freshe Shirts aus recyceltem Polyester

Sternschanze
Kampstraße 12, 20357 Hamburg

Ein fantastisches Beispiel für Fair Fashion ist das Label Salzwasser. Die Kleidungsstücke sind sportlich, schlicht und funktional. Und das Allerbeste? Sie werden auch noch nachhaltig und sozial hergestellt. Bei Salzwasser bekommt ihr fair produzierte Basics, die perfekte Begleiter für den Alltag sind.

Hier stehen nicht das schnelle Wachstum und hohe Gewinne im Vordergrund, sondern organische und natürliche Entwicklung. Außerdem unterstützt die Marke mit ihren Einnahmen Umweltschutzprojekte mit dem Schwerpunkt Meeres- und Küstenschutz.

◎ salzwasser.eu
www.salzwasser.eu

Stückgut

Plastik ade im Badezimmer und Vorratsschrank

Ottensen

Friedensallee 1, 22765 Hamburg

Wir wollen kein im Sonnenlicht glitzerndes Plastik mehr auf Hamburgs Straßen sehen und empfehlen daher das Stückgut. Überflüssiges Plastik, Papier oder Alu sind hier völlig fehl am Platz: Das Stückgut ist Hamburger Plastikfreipionier. Hier findet ihr alles, was ihr braucht, ohne Verpackung – von A wie Apfelringe bis Z wie Zahnbürsten. Neben Pasta, Müsli, Körnern und Mehl gibt es auch verschiedene Gewürze, Hundeleckerlis oder Olivenöl zum Selbstabfüllen.

☺ stueckgut_unverpackt

www.stueckgut-hamburg.de

Werte Freunde

Aus der Natur direkt in die Einkaufstasche

Hamburger Innenstadt
Großer Burstah 42, 20457 Hamburg

In diesem neuen Eco-Mekka am Rödingsmarkt könnt ihr euch mit Naturkosmetik, fairer Kleidung oder nachhaltigen Accessoires eindecken und sogar Kosmetikbehandlungen buchen. Jede*r kann sich in Ruhe im Laden umschauen, probieren und so vielleicht den ersten Schritt zu einem bewussteren Leben machen.

Wer einen Ort sucht, an dem grüne Werte nicht nur im Sortiment zu finden, sondern auch mit allen Sinnen erlebbar sind, sollte unbedingt im Werte Freunde vorbeischauen.

🖸 wertefreunde
www.wertefreunde.de

STIL

Home Sweet Home

Zuhause ist es doch immer noch am schönsten. Damit dieser Spruch nicht zu einer bloßen Floskel verkommt, solltet ihr diese tollen Stores besuchen.

Ganz egal ob ihr es schlicht oder poppig bunt mögt, auf den skandinavischen Einrichtungsstil steht oder einen so grünen Daumen habt, dass eure Wohnung ein kleiner Urban Jungle ist – mit unseren Tipps werden alle Geschmäcker bedient.

Zwischen bunter Keramik aus Portugal, handgefertigten Teppichen, schicken Lampenschirmen und restaurierten Vintagemöbeln findet sich sicher der ein oder andere neue Liebling, mit dem ihr eure Wohnung zu einem perfekten Zuhause machen könnt.

STIL

Die Pampi

Sanfte Töne fürs Zuhause

Eimsbüttel
Osterstraße 148, 20255 Hamburg

Geschenkejäger*innen sollten hier unbedingt einen Stopp ein-
legen: In den drei Pampi-Stores gibt es neben skandinavischer
Mode auch wunderhübsche Einrichtungsgegenstände wie Vasen,
Lampen, Dekoartikel und Kerzen – alles im lässigen Style unserer
nördlichen Nachbar*innen.

    In dem liebevoll eingerichteten Laden in der Osterstraße vergeht
die Zeit wie im Flug, und das Auge weiß gar nicht, wohin es zuerst
schauen soll. Das sorgfältig ausgewählte Sortiment, das durch Kinderartikel und Männermode komplettiert wird, macht Skandi-Fans und
alle, die es noch werden wollen, ganz bestimmt glücklich.

⬚ diepampi
www.diepampi.de

Die Wäscherei

Das etwas andere Möbelhaus

Alsterdorf
Mexikoring 27–29, 22297 Hamburg

Auf 8.000 Quadratmetern vereint dieses Möbelhaus am Mexikoring allerlei Einrichtungsideen. Das Sortiment ist dabei alles andere als standardmäßig: Die Möbelstücke sind speziell schön, unkonventionell und einzigartig. Schaut euch um und entdeckt bunte Sofas, Vasen mit spritzigen Designs und glitzernde Paillettenbettwäsche.

Die Wäscherei führt kleinere und eher unbekannte Hersteller*innen. Auch die passende Deko und Accessoires für Wohnung, Haus und Büro könnt ihr hier erwerben.

☺ die_waescherei
www.die-waescherei.de

Frau Hansen

Wo die schönen Dinge wohnen

Eimsbüttel
Osterstraße 170, 20255 Hamburg

In kaum einem anderen Laden könnt ihr einen Gutschein für Bekannte oder die Schwiegermutter kaufen und euch sicher sein, dass sie damit ein neues Lieblingsstück finden werden.

Zwischen all den skandinavischen Schönheiten in Form von hochwertiger Kleidung (da ist für alle was dabei), Taschen, Schuhen, Einrichtungs- und Gebrauchsgegenständen im Frau Hansen fängt tatsächlich so ziemlich jede*r an zu schmachten. Und vielleicht wollt ihr sogar gleich Babys machen, um die unfassbar süße Kinderecke leerzukaufen. Aber egal ob ihr hier Geschenke sucht oder doch etwas für euch selbst findet: Alle Produkte sind zum Verlieben.

🄀 frauhansenshop
www.frauhansen.de

Im Viertel

Der Laden für alle mit grünem Daumen

Karolinenviertel
Marktstraße 127, 20357 Hamburg

Der Laden Im Viertel ist ein wahr gewordener Traum für alle Fans von Sukkulenten und dekorativem Kleinkram. Mitten im Laden stehen Sessel, Sofa und Couchtisch aus Omas Zeiten, an den Wänden hängen viele kleine Regale mit Fotografien.

In den Vintageküchenschränken stapeln sich lauter schöne Kleinigkeiten: fein gemustertes Geschenkpapier, ein uriges Teeservice und allerlei Kerzen. Und dazwischen immer wieder: grün, grün, grün. In weiteren Regalen reihen sich winzige Kakteen aneinander, während Farne und Weidenzweige andere Ecken des Ladens erobern.

◎ imviertel
www.kila-photography.com

Lokaldesign

Stabile Stühle für stabile Menschen

Sternschanze
Schulterblatt 85, 20357 Hamburg

Lokaldesign-Gründerin Katharina sieht sich eher als Verkupplerin denn als Verkäuferin: In ihrem Shop auf dem Schulterblatt bringt sie mit ihrem Team Designerstücke und deren zukünftige Besitzer*innen zusammen. Die Auswahl an besonderen Möbeln und Accessoires wird im Lokaldesign mit Blick auf – guess what? – Lokalität getroffen: Fast die Hälfte der Möbeldesigner*innen kommt aus Hamburg. Auch die Qualität und Nachhaltigkeit der Designs spielen eine wichtige Rolle Und obwohl der Laden von außen nicht unbedingt nach fancy Interior aussieht, erwartet euch im Innern alles, was das Designherz begehrt.

 lokaldesignhamburg
www.lokaldesign.de

Lys Vintage

Nordische Vintageklassiker kaufen

Eimsbüttel
Eppendorfer Weg 8, 20259 Hamburg

Diese auf skandinavisches Design fokussierte Einrichtungsspezi-
alist*innen setzen auf nordische Vintageklassiker aus den 50er- und
60er-Jahren. Ergänzt wird die Sammlung von einer handverlesenen
Produktauswahl nordeuropäischer Jungdesigner*innen.

Das Sortiment reicht von Leuchten über Dekoration und Aufbe-
wahrungsmöbel bis hin zu Tischen, Stühlen, Sofas und Sesseln. Steht
ihr in dem schönen Ladenraum und lasst den Blick schweifen, fühlt
ihr euch garantiert direkt inspiriert – ohne ein neues Stück rauszu-
gehen, ist bei Lys Vintage kaum möglich.

☺ lysvintage
www.lys-vintage.com

Minimarkt

Alles um die Bude aufzupimpen

Sternschanze
Bartelsstraße 37, 20357 Hamburg

Den Minimarkt mitten in der Schanze kann man wohl wirklich als kleines Paradies für schlichte und schöne Dinge beschreiben. Hier versammeln sich auf wenig Raum Wohnaccessoires und sonstige schmucke Dinge für jeden Raum eurer Wohnung.

Der Schwerpunkt liegt auf skandinavischem Design. Und da jedes Produkt eine eigene Geschichte erzählt, greift Besitzerin Xenia diese Geschichten auf ihrer Website auf. Apropos Website: Der Concept Store hat auch einen Onlineshop.

⌾ minimarkt
www.minimarkt.com

Oh Dear

Kleine und große Einrichtungsträume erfüllen

Eimsbüttel
Altonaer Straße 5A, 20357 Hamburg

Oh dear, ist das aber schön hier! In dem kleinen Laden, der zwischen Eimsbüttel und der Schanze liegt, findet ihr tolle Vintagestücke, ausgewählte Möbel sowie Kleidung. Julika und Anna haben es geschafft, aus einem alten Friseurgeschäft ein Wohnzimmer voller individueller Schmuckstücke zu zaubern. Wer während des Bummelns, Shoppens und Stöberns eine kleine Erfrischung braucht, wird mit Brause und einem leckeren Käffchen versorgt. Die Mädels stellen außerdem vieles selbst her: Anna näht Kissen, Rasseln und illustriert Karten. Julika produziert mit ihrem Label Studio Dies Das Schmuck, Makramees und Planthanger.

ohdear_shop_hamburg
www.ohdear-hamburg.de

On the Rugs

Schönes unter den Füßen haben

Hafencity
Pickhuben 7, 4. Boden, 20457 Hamburg

Die Hamburger Speicherstadt ist schon eine ganze Weile einer der
größten Umschlagplätze für Teppichwaren in ganz Europa. Viele
Händler*innen haben hier ihre Lager: Eine von ihnen ist Anna Wahdat.
Unter ihrem Label On The Rugs verkauft sie wunderschöne Orient-
und Nomadenteppiche. In allen Formen, Farben und Preiskategorien
gibt es bei On The Rugs handgeknüpfte Unikate, die eure Böden
einfach schöner machen – oder eure Wände schmücken.

☺ on_the_rugs
www.ontherugs.de

SeaRâmica

Tischlein deck dich mit kunterbunter Keramik

St. Pauli
Clemens-Schultz-Straße 94, 20359 Hamburg

Standardgeschirr kann jede*r: Bei SeaRâmica bekommt ihr stattdessen handgefertigte Keramik aus Portugal. Im hübsch dekorierten Schaufenster reiten kleine Surfer über die blau und grün lackierten Teller, Tassen und Schüsseln. Da jedes Stück bei SeaRâmica ein Unikat ist, sieht die Lackierung immer etwas anders aus. Und eines wissen wir alle: Eine schöne Tasse am Morgen vertreibt Kummer und Sorgen.

☉ sea_ramica
www.sea-ramica.com

STIL

Wohngeschwister

Tine Wittler für Coole

Ottensen
Bahrenfelder Straße 138, 22765 Hamburg

Bei den Wohngeschwistern könnt ihr ganz wunderbar durch den großzügigen Raum bummeln und allerhand Möbel, Wohnaccessoires und Kleinkram kaufen. Neben Ledersofas und den passenden Teppichen fallen besonders die unfassbar vielen wunderschönen Keramikwaren auf: Tassen, Teelichter und Vasen in allen Formen, die nach Farben sortiert sind. Daneben gibt es vom Schlüsselbrett bis hin zur hippen Wohnzimmerlampe viele Dinge, die ihr wunderbar verschenken oder auch gern selbst behalten könnt.

⊚ wohngeschwister_ottensen
www.wohngeschwister.de

Ihr seid auf der Suche nach den neuesten Sneakern, dem doch wirklich sehr wichtigen Regenmantel oder einem hübschen Paar Ohrringe, das ihr ausführen könnt? Kein Problem, we – beziehungsweise Hamburgs kleine Boutiquen und Läden – got you covered. Dabei gilt: Geschmäcker sind verschieden, und das ist auch gut so. Durch Hose, Rock und Co. können wir zumindest ein bisschen ausdrücken, wer wir sind oder sein möchten. Also, zieht euch bequeme Schuhe an, steckt einen Müsliriegel ein und macht euch auf eine Shoppingtour!

A–Z

1 Die Bergmanns
2 Episode
3 Kauf Dich Glücklich
4 LIV
5 Mili
6 Mojo Store
7 Mono Concept Store
8 Mymarini
9 Su Su
10 Underpressure
11 Vintage Revivals

Die Bergmanns

Eine zweite Chance für Designerstücke

Eppendorf
Schrammsweg 15, 20249 Hamburg

Im Schrammsweg in Eppendorf befindet sich eine schmucke kleine Boutique, die auf eurem Shoppingtrip nicht fehlen darf. Die Bergmanns bieten edle Secondhand-Designermode, eine tolle Auswahl an Accessoires und handgefertigte Kunstobjekte an.

Das Familienunternehmen stellt nämlich mit viel Liebe handgemachte Kunst aus Ton her und verkauft auch eigene Ölgemälde, Zeichnungen und Collagen. Ein Traum für alle Designliebhaber*innen! Immer wieder finden hier auch Pop-up-Events mit anderen lokalen Marken statt.

@ shop_diebergmanns
www.die-bergmanns.com

Episode

Secondhand at its finest

Sternschanze
Schulterblatt 58, 20357 Hamburg

Es muss nicht immer etwas Neues sein, auch in Hamburg ist der Secondhand-Trend schon lange angekommen. Ein perfektes Beispiel dafür ist Episode auf dem Schulterblatt. Egal ob ihr auf der Suche nach einem neuen Ledermantel, Sporttrikots, schicken Halstüchern oder süßen Haarbändern seid – hier werdet ihr fündig.

Pro-Tipp: Genug Zeit zum Stöbern mitbringen. Besonders cool ist außerdem, dass Episode auf seiner Website genau erklärt, wie die Klamotten ihren Weg in den Laden finden.

www.episode.eu

S
T
I
L

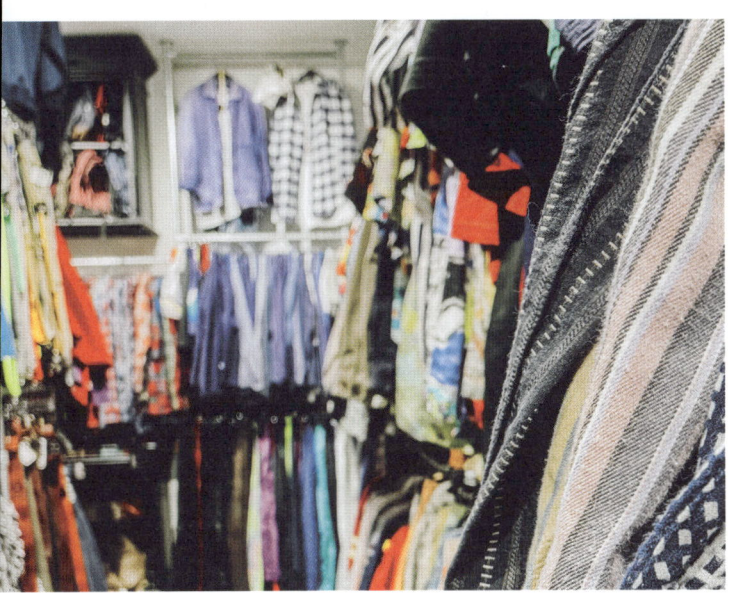

Kauf Dich Glücklich

Das Glück liegt auf dem Schulterblatt

Sternschanze
Schulterblatt 1, 20357 Hamburg

Der Name ist Programm, denn im Kauf Dich Glücklich auf dem
Schulterblatt findet ihr alles, was Herzen höherschlagen lässt.
Mode von unseren liebsten Skandi-Brands, tolle Coffee-Table-
Bücher, schöne Keramik und, wenn ihr Glück habt, auch kleine
stachelige Freund*-innen in Form von Kakteen und Sukkulenten.
Selbst die Shopping-Begleitung wird hier glücklich, denn im Laden
versteckt sich eine Kaffeestation, an der das müde Gemüt wieder
wach wird. Da sprudeln die Glückshormone doch gleich über!

© kaufdichgluecklich
www.kaufdichgluecklich-shop.de

LIV

Välkommen Zuhause

Hoheluft-West
Eppendorfer Weg 174, 20253 Hamburg

Hinter LIV verbirgt sich nicht nur ein wunderschöner Concept Store,
sondern auch eine richtige Designmarke. Und genau deswegen könnt
ihr auch ziemlich viel Zeit hier verbringen – vorausgesetzt ihr mögt
aktuelle skandinavische Mode, hochwertige Taschen, Accessoires und
hübsche Einrichtungs-, Papeterie- und Geschenkideen. Falls ihr was
für die Minis sucht: Tolle Kinderartikel gibt es auch. Einen weiteren
Store von LIV findet ihr übrigens in Lüneburg.

studioliv.de
www.studioliv.de

Mili

Alles für einen Kleiderschrank,
der andere neidisch macht

Hoheluft-Ost
Klosterallee 110, 20144 Hamburg

Die gebürtige Isländerin Sara Bjarnadóttir betreibt zusammen mit ihrer Mutter Frida den Laden Mili in Hoheluft-Ost. Die minimalistische Boutique zieht viele Skandinavienliebhaber*-innen an, die hier von A wie A-Linien-Kleider über L wie Loafers bis hin zu W wie Westen alles finden, was der modebewusste Mensch von heute gern im Kleiderschrank hängen hat.

⊙ milistore
www.mili-store.com

Mojo Store

Home of Hoodies

Sternschanze
Kampstraße 11, 20357 Hamburg

Im Mojo Store gibt es auf jeden Fall die besten, kuscheligsten und bequemsten Hoodies in ganz Hamburg. Wer fair produzierte Streetwear sucht, ist hier genau richtig. Viele Jahre wurden die Mojo-Teile ganz oldschool mit Pinsel, Farbe und Schablone gefertigt.

Bis heute werden limitierte Kollektionen in Portugal produziert und dann im Onlineshop oder im Mojo Store in der Kampstraße angeboten. Also Bankkarte raus, denn jetzt werden erstmal Beanies, Caps, Hoodies und T-Shirts gekauft.

mojo.store
www.mojostore.de

S T I L

Alles für Männer, die keine Socken in Sandalen tragen

Sternschanze
Rosenhofstraße 5, 20357 Hamburg

Wer als modebewusster Kerl schon eine kleine Klamottensammlung hat, der wird hier von einer neuen Dimension an Auswahl empfangen. Regelmäßig wird die Auslage im Mono Concept Store erneuert.

Jeans, Pullover und Shirts von skandinavischen Marken, aber auch Shampoo und Bartpflege der Brooklyn Soap Company sowie kanadische Herschel-Rucksäcke machen den Mann schick. Auch Nachhaltigkeit spielt bei der Auswahl der Marken eine Rolle: Vertreten sind zum Beispiel Veja oder Armedangels.

◎ monoconceptstore
www.mono-concept.com

Mymarini

Stangen voller fairer Bademode

Eppendorf
Eppendorfer Landstraße 60, 20249 Hamburg

Mymarini stellt nachhaltige Swim- und Surfwear her. Die coolen Schnitte machen sofort Lust, bald wieder baden oder surfen zu gehen. Nachhaltigkeit wird hier als ganzheitlicher Ansatz gesehen und umgesetzt. Das reicht von der plastikfreien Verpackung bis hin zu fairen Löhnen und einer papierlosen Buchhaltung. Neben der Verwendung von nachhaltigen Materialien wird auch viel Wert auf Preistransparenz gelegt. Wer also auf der Suche nach schöner, fairer Bademode ist, sollte bei Mymarini vorbeischauen.

@ mymarini_swimwear
www.mymarini.com

Su Su

Wo schon das Schaufenster-Shopping glücklich macht

Sternschanze
Susannenstraße 19, 20357 Hamburg

Das Su Su kommt euch wahrscheinlich ziemlich bekannt vor: Der Laden in der Susannenstraße hat nämlich noch vier weitere Schwestern-Stores in Hamburg.

Hier findet ihr modisch alles, was das Herz begehrt: warme Mützen, kontrastreiche Klamotten in klassischen Schnitten, filigranen Schmuck und eine wirklich zuvorkommende Beratung. Wer abseits von der Schanze stöbern möchte, kann sich auf den Weg nach Eimsbüttel und Ottensen machen und in den anderen Stores shoppen.

⌾ sustorehamburg
www.sustore.de

Underpressure

Caps, Kicks und Coolness

Sternschanze
Schanzenstraße 10, 20357 Hamburg

Hip-Hop-Freund*innen fühlen sich bei Underpressure gleich wie zu Hause: Musik direkt vom Plattenteller, Caps, Kopfhörer, Shirts, Vinyl-Platten und jede Menge Sneaker von Asics über Nike bis hin zu New Balance. Da ein Teil der Hip-Hop-Kultur das Graffiti-Writing ist, gibt es weiter hinten im Laden Sprühdosen in allen nur erdenklichen Farben. Wer seine Liebsten mit neuen Kicks, Stiften oder Musik beglücken möchte, der suche Underpressure auf.

⊙ underpressure_hamburg
www.underpressure.de

Vintage Revivals

Eine Schatzkammer voller Vintagestücke

Sternschanze
Schulterblatt 18, 20357 Hamburg

In dem hellen, offenen Shop könnt ihr ganz entspannt stöbern und Klamotten anprobieren, bis ihr mit eurem nächsten Vintageschatz herausspaziert. Wie es sich für gutes Secondhand-Shopping gehört, solltet ihr ein bisschen Zeit mitbringen, denn hier lässt es sich eine ganze Weile aushalten und stöbern, während man coole Teile anprobiert. Besonders die Mantel- und Schuhauswahl ist wahnsinnig groß. Generell legt das Team von Vintage Revivals viel Wert darauf, richtig coole Teile für den Store zusammenzusuchen, die euer Vintageherz erfreuen werden.

ⓞ vintage.revivals
www.vintagerevivals.de

Erlebnis

ERLEBNIS

Nah am Wasser gebaut

Wasser und Hamburg gehören einfach untrennbar zusammen. Daher lassen wir es uns natürlich nicht nehmen, euch an dieser Stelle ein paar tolle Adressen zu empfehlen, an denen ihr Hamburg besonders gut mit Wasserblick genießen könnt. Ob an der Alster oder Elbe: Wir Hamburger*innen lieben es einfach, beim Kaffee die Wellen zu beobachten, uns mit dem Kanu fortzubewegen oder am Kanal entlangzuschlendern.

So viel können wir euch bereits verraten: Einige der folgenden Orte gehören zu unseren allerliebsten Lieblingsplätzen in der Stadt – und hoffentlich bald auch zu euren.

ERLEBNIS

A–Z

Füße in den Sand und Schiffe beobachten

Othmarschen
Övelgönne 56–58, 22605 Hamburg

Wir nennen die Elbe auch gern das Hamburger Meer des kleinen Mannes. Wer sich den Elbwind bei einem Kaltgetränk um die Nase wehen lassen will, der sollte am Elbstrand beim Ahoi Strandkiosk vorbeischauen. Der Blick auf die Kräne, Liegestühle und WLAN machen den Strandkiosk zu einer willkommenen Adresse für Tage, an denen ihr euch nach einer großen Portion Frischluft sehnt.

www.strandkiosk-hamburg.de

Atlantik Fisch

Fantastische Fischbrötchen futtern

Altonaer Fischmarkt
Große Elbstraße 139, 22767 Hamburg

In Hamburg gibt es einige Adressen für gute Fischbrötchen – eine davon ist Atlantik Fisch. In dem kleinen Laden direkt an der Großen Elbstraße bekommt ihr vom klassischen Backfisch bis hin zu frisch gepulten Nordseekrabben alles, was das Herz eines echten Fischfans höherschlagen lässt, in einem knusprigen Brötchen mit hausgemachter Sauce serviert. Schnappt euch an einem sonnigen Tag ein Fischbrötchen auf die Hand und spaziert an der Elbe entlang.

⌨ atlantikfischhamburg
www.atlantik-fisch-versand.de

ERLEBNIS

Bodos Bootssteg

Abhängen auf der Außenalster

Rotherbaum
Harvestehuder Weg 1B, 20148 Hamburg

Bodos Bootssteg gehört zu den beliebtesten und legendärsten Adressen an der Alster. Der Holzsteg ragt hinaus auf die Außenalster, und während ihr in einem Liegestuhl bei einem frisch gezapften Bier oder leckerem Blechkuchen den unglaublichen Blick auf das Wasser und die Hamburger Skyline genießt, schwimmen neugierige Schwäne und Enten vorbei. Wer sich nach der Stärkung sportlich betätigen will, kann sich hier ab 21 Euro ein Ruderboot ausleihen und mit den Liebsten in den Sonnenuntergang paddeln.

www.bodosbootssteg.de

ERLEBNIS

Cafe Canale

Im Kanu frühstücken

Winterhude
Poelchaukamp 7, 22301 Hamburg

Das Cafe Canale findet ihr mitten in Winterhude direkt am Mühlen-kampkanal. Ihr könnt euren Kaffee, den Kuchen oder euer Frühstück im gemütlichen Wintergarten genießen oder – und das ist das wirklich Besondere an diesem Ort – ihr fahrt mit eurem Kanu oder SUP an das Fenster am Kanal und bestellt dort einen Apfelkuchen vom Blech mit einem Cappuccino to go. Die Leckereien werden euch dann mit einem Körbchen direkt an Bord geliefert und können bei Wellenschaukeln verspeist werden.

@cafecanale
www.cafecanale.de

Eilbekkanal

Beim Spazieren oder Paddeln vom eigenen Hausboot träumen

Eilbek
22081 Hamburg

Direkt auf dem Wasser wohnen – den Traum haben sich einige in Hamburg erfüllt. Auf dem Eilbekkanal liegt eine Reihe unterschiedlich gestalteter Architektenhausboote, vom bulligen Metallschiff bis hin zum verwinkelten Boot aus Holz. Wer sich die Hamburger Hausboote mal genauer anschauen möchte, kann zu einem Spaziergang am Eilbek-kanal (oder gleich zu einer Kanutour) aufbrechen.

An der Mundsburger Brücke geht es los, und dann auf der Uferstraße immer am glitzernden Wasser entlang. Ihr durchkreuzt Hohenfelde und Eilbek, lauft auf grünen Wiesen an den Hausbooten vorbei und kommt nach gut drei Kilometern an der Wandsbeker Wandse heraus. Von dort aus spaziert ihr auf der anderen Seite des Kanals zurück.

Entenwerder 1

Direkt auf der Elbe sitzen und einen Spritz trinken

Rothenburgsort
Entenwerder 1, 20539 Hamburg

Das Entenwerder 1 schwimmt auf einem Ponton in der Elbe und ist das vielleicht sympathischste Café mit Elbblick. Auf bunt zusammengewürfelten Sitzgelegenheiten befindet ihr euch nur wenige Zentimeter vom Wasser entfernt und beobachtet vorbeiziehende Motorboote oder Kajaks. Wem der Ausblick noch nicht reicht, kann aus dem zweiten Stock noch weiter über die Elblandschaft blicken. Wenn ihr Glück habt, ergattert ihr ein Stück des unglaublich leckeren selbst gebackenen Mohnkuchens. Dazu einen Cappuccino oder einen Spritz – schöner wird's nicht.

⌾ entenwerder1
www.entenwerder.com

ERLEBNIS

Liebesinsel Stadtparksee

Kapitän*in spielen auf dem Stadtparksee

Winterhude
Südring 5A, 22303 Hamburg

Mitten im schönen Stadtpark in Winterhude gibt es einen See, von dem aus ihr mit dem Tretboot oder Kanu auf die Alster und ihre Kanäle rausfahren könnt. Praktischerweise hat die Liebesinsel im Stadtparksee nicht nur einen wunderschönen Namen, sondern bietet auch einen eigenen kleinen Bootsverleih – schnappt euch also ein Bötchen eurer Wahl und ab mit euch aufs Wasser. Wichtig: Bargeld mitnehmen, denn hier könnt ihr nur mit Cash zahlen.

www.stadtparksee.de

Marco-Polo-Terrassen

Treppenchillen mit genialem Ausblick

Hafencity
Marco-Polo-Terrassen, 20457 Hamburg

Das am wenigsten traditionelle Viertel unserer Stadt besteht für viele wohl hauptsächlich aus riesigen Betonbauten und Schlipsträgern. In der Hafencity findet ihr jedoch auch das ein oder andere Fleckchen, an dem es sich mehr als gut aushalten lässt. An den Marco-Polo-Terrassen etwa könnt ihr wie am Jungfernstieg mit euren Freund*innen auf Treppen sitzen und den herrlichen Ausblick auf das Wasser, die glitzernde Elbphilharmonie und die Hafenkräne genießen.

Monkey Beach

Paddelpause mit einem Kaltgetränk und schönster Aussicht

Winterhude
Hofweg 103, 22085 Hamburg

Wer mit dem Kanu, SUP oder Tretboot auf den Alsterkanälen unterwegs ist und eine Pause braucht, kann am hauseigenen Steg des Monkey Beach anlegen und in einem der bequemen Liegestühle auf der großen Terrasse die müden Beine und Arme ausruhen. In dem stylischen Beachclub ohne viel Chichi gibt es neben erfrischenden Drinks auch fantastische hawaiianische Poké Bowls von Kailua Poké.

⌾ monkeybeach040
www.monkey-beach.de

ERLEBNIS

ÜberQuell

Mit Bierbauch und Pizzamagen auf den Hafen blicken

St. Pauli

St. Pauli Fischmarkt 28–32, 20359 Hamburg

In diesem Szenetreff in den historischen Riverkasematten an der Hafenkante sitzt ihr auf rustikalen Bierbänken, seht den vorbeituckernden Schiffen zu und schaut euch Kunst aus Hamburg an. Dazu gibt es hier selbst gebrautes ÜberQuell-Craftbeer vom Fass und vorzügliche neapolitanische Pizza – natürlich aus dem Steinofen.

ⓞ ueberquell

www.ueberquell.com

Zum Anleger

Ein Bierchen am Wasser zischen

Wilhelmsburg
Vogelhüttendeich 123, 21107 Hamburg

Zum Anleger ist ein kleines Idyll im Grünen direkt am Kanal. Der Biergarten auf der Elbinsel ist wunderbar mit dem Fahrrad zu erreichen und das perfekte Ausflugsziel an einem sonnigen Tag, denn ein Besuch fühlt sich jedes Mal ein bisschen wie Urlaub an. Es gibt kaltes Bier oder starken Kaffee. Und wer will, kann sich ein Kanu oder SUP leihen und damit die südlichen Elbkanäle erkunden.

@ zum_anleger_hamburg
www.zum-anleger.de

Schietwetter

Das Hamburger Wetter ist zwischen Januar und März, bis auf wenige Unterbrechungen, eine Suppe aus Schnee, Graupelschauern, Regengüssen oder schräg von unten kommendem Wind plus Nieselregen – wir in Hamburg nennen das Ganze einfach Schietwetter. Da einem dieses Wetter auch mal außerhalb der oben genannten Monate die Laune verderben kann, solltet ihr immer eine Liste mit Fluchtorten parat haben, an denen es muckelig warm ist.

Am besten gibt es dort auch noch etwas Heißes zu trinken, um die eingefrorenen Glieder wieder aufzuwärmen. Denn entgegen aller Mythen sind selbst wir Hamburger*innen manchmal doch aus Zucker und mögen es lieber trocken als nass.

ERLEBNIS

A–Z
1 Bucerius Kunst Forum
2 Deichtorhallen
3 Eaton Place
4 Float
5 Holthusenbad
6 Internationales Maritimes Museum
7 Miniatur Wunderland
8 Nordwandhalle
9 Passage Kino
10 Savoy Kino
11 Thalia Theater

Bucerius Kunst Forum

Auf Zeitreise durch die Kunstgeschichte gehen

Hamburger Innenstadt
Alter Wall 12, 20457 Hamburg

Das Bucerius Kunst Forum ganz in der Nähe vom Rathaus ist so etwas wie das MoMA Hamburgs. Die Ausstellungsräume sind clean, geradlinig und modern und bieten die perfekte Leinwand für die ausgewählten Künstler*innen, deren Werke hier ausgestellt werden. So verwandeln sich die Räume in einen kunterbunten amerikanischen Traum, wenn Warhol und Disney zu Gast sind, oder nehmen euch mit spannenden Fotografien mit in die Dunkelheit des Industriezeitalters oder in die hell erleuchtete Gegenwart.

◎ buceriuskunstforum
www.buceriuskunstforum.de

Deichtorhallen

Moderne Kunst und Fotografie im ehemaligen Bahnhof bestaunen

Hamburg-Altstadt
Deichtorstraße 1–2, 20095 Hamburg

Die Deichtorhallen, die zu den größten Ausstellungsorten für zeitgenössische Kunst und Fotografie in Europa gehören, sind selbst für Kulturbanaus*innen einen Besuch wert. Allein die großen Hallen aus Stahl und Glas, die hier auf dem ehemaligen Bahnhofsgelände erbaut wurden, sind überaus beeindruckend.

Im Innern angekommen, wisst ihr gar nicht, wo ihr zuerst hinschauen sollt, denn in den lichtdurchfluteten Hallen kommen verschiedenste Kunstwerke besonders zur Geltung.

@ deichtorhallenhamburg
www.deichtorhallen.de

Eaton Place

Sich einen Nachmittag wie die Queen of England fühlen

Ottensen
Bahrenfelder Straße 80, 22765 Hamburg

Was die Brit*innen schon seit Jahrhunderten als Tradition pflegen, hat auch in Hamburg einen Platz gefunden: der Afternoon Tea. Das Eaton Place in Ottensen hat sich dieser Tradition verschrieben und serviert euch nicht nur eine hervorragende Teeauswahl und leckere Köstlichkeiten auf einer stilvollen Etagere, auch die Einrichtung mutet mit plüschigen Bänken, Kissen im Union-Jack-Design und milde lächelnden Royals very British an. Wer nicht genug bekommen kann, kauft sich Tee und Marmeladen für zu Hause.

ⓘ eatonplacetearoom
www.eaton-place.de

Float

Dem Alltagsstress einfach davonschweben

Rotherbaum

Mittelweg 160, 20148 Hamburg

Floaten bedeutet, auf der Oberfläche einer nahezu gesättigten Lösung aus Wasser und Salz zu schweben. In elegantem Ambiente kann man im Float Rotherbaum die tiefenentspannende Wirkung der Salzwasserbäder erleben. Vier Floatingräume und zwei Massageliegen sind verfügbar. Jeder Floatingraum ist mit einem großzügigen offenen Floatingbecken (für ein oder zwei Personen), Umkleidemöglichkeit und einer Regendusche ausgestattet. Und nach dem schwerelosen Liegen im Salzwasser kann die Entspannung mit einer Massage abgerundet werden – Erholung pur!

ⓐ floathamburg

www.float-hamburg.com

ERLEBNIS

Holthusenbad

Für alle ohne Badewanne zu Hause

Eppendorf
Goernestraße 21, 20249 Hamburg

Das Holthusenbad wurde 1914 als Warmbadeanstalt Goernestraße eröffnet und lohnt sich immer an Tagen, an denen wir einfach mal dringend Entspannung brauchen. Das im wunderschönen Jugendstil errichtete Bad mit zwei großen Badehallen und umlaufenden Emporen bietet mit kuscheligen 32 Grad Wassertemperatur (in der Thermenhalle) super Erholung. Wer es noch wärmer mag, besucht eine der vielen Saunen oder eines der Dampfbäder und vergisst das Schietwetter so ganz schnell.

◎ baederland_hamburg
www.baederland.de

Internationales Maritimes Museum

Als Landratten mehr über das Meer lernen

Hafencity
Koreastraße 1, 20457 Hamburg

Im Herzen der Hafencity könnt ihr im alten Kaispeicher auf neun Decks so einiges begutachten: Das Internationale Maritime Museum nimmt Besucher*innen mit auf eine Reise durch die Geschichte der Seefahrt – von der Antike bis ins 20. Jahrhundert, zu den Wikingern, zu Expeditionen, Seekriegen oder Handelsreisen mit englischen und niederländischen Flotten.

    Die Geschichte der Schifffahrt wird in der ständigen Sammlungspräsentation aus vielen Perspektiven beleuchtet, sodass das Museum auch mit Kindern ein spannendes Ausflugsziel ist.

◎ maritimesmuseum
www.imm-hamburg.de

Miniatur Wunderland

Eine Weltreise mitten in Hamburg machen

Hafencity
Kehrwieder 2, Block D, 20457 Hamburg

Wenn draußen das Wetter richtig fies ist oder die Sehnsucht nach
fremden Orten zu groß wird, können Detailfreaks im Miniatur
Wunderland auf Entdeckungstour gehen. Auch ohne zu verreisen,
könnt ihr in den liebevoll gebauten Miniaturwelten Amerika, die
Schweiz oder Italien entdecken. In der Italienwelt ist übrigens der
Papst auf den frisch geputzten Fliesen ausgerutscht. Wer findet ihn
als erstes? Beste Uhrzeit: Ganz früh morgens, wenn noch nicht so
viele Besucher*innen unterwegs sind.

◎ miniaturwunderland
www.miniatur-wunderland.de

Nordwandhalle

Je höher, desto besser: Klettern für Groß und Klein

Wilhelmsburg
Am Inselpark 20, 21109 Hamburg

Bock auf Abhängen? Dann ab in die Nordwandhalle in Wilhelmsburg! Auf über 4.000 Quadratmetern Kletterfläche mit Wandhöhen von bis zu 16 Metern im In- und Outdoor-Bereich bietet sich hier eine Kletterwelt mit unzähligen Möglichkeiten.

Egal ob ihr als Anfänger*in die ersten zittrigen Versuche startet oder als Fortgeschrittene die schwierigsten Routen meistert und euch gegenseitig herausfordert – hier werdet ihr sicher euren Spaß haben!

nordwandhalle
www.nordwandhalle.de

Passage Kino

Kuscheln in der letzten Reihe

Hamburger Innenstadt
Mönckebergstraße 17, 20095 Hamburg

Das Passage Kino ist eines der schönsten Lichtspielhäuser in Hamburg. Das Kino wirkt mitten in der Einkaufsstraße wie ein Ort aus vergangener Zeit: Dicke rote Teppiche, samtige Vorhänge, sehr viel Stuck und Gold und eine wunderbare Atmosphäre erwarten euch.

Im Programm gibt es meist Arthouse-Filme oder europäische Produktionen – wir empfehlen außerdem die wöchentliche Sneak Preview mit Überraschungsfilmen. Wer auf alten Kinoflair steht: Hin da!

☺ passage.kino.hamburg
www.das-passage.de

Savoy Kino

Mit den Held*innen auf der Leinwand mitkämpfen

St. Georg
Steindamm 54, 20099 Hamburg

Hä, noch ein Kino? Jawoll, denn Kinogenuss kann ganz unterschiedlich aussehen. Wer den neuesten Blockbuster in allerbester Sound-
und Bildqualität sehen will, der geht dafür ins Savoy am Steindamm.
Das Kino ist vor allem für zwei Dinge berühmt: die riesige, gebogene
Leinwand und Filme, die in Originalfassung ohne Untertitel gezeigt
werden. Premium sind hier nicht nur Bild und Ton, sondern auch die
Ledersessel. Die lassen sich nämlich nach hinten klappen, sodass ihr
beste Sicht auf die Filmaction habt.

◎ savoyfilmtheater
www.savoy.premiumkino.de

Tipp

Unbedingt salzig-süßes Popcorn bestellen,
das ist hier ebenfalls premium!

Thalia Theater

Feinste Theaterkunst mitten in der Stadt

Hamburger Innenstadt
Alstertor, 20095 Hamburg

Das Thalia Theater ist eines der drei Hamburger Staatstheater. Doch nicht nur deshalb ist das große Theater in der Innenstadt unbedingt einen Besuch wert. Das Repertoire umfasst rund 20 Stücke, darunter Klassiker wie *Die Räuber* oder *Hamlet*, aber auch moderne Stücke.

Das Gebäude mit den imposanten weißen Säulen ist auch regelmäßig Austragungsort von Lesungen bekannter Autor*innen oder Poetry Slams.

⊙ thaliatheater
www.thalia-theater.de

Ohne Moos was los

Manchmal wollen wir unbedingt raus und etwas unternehmen – doch das Portemonnaie gähnt uns nur mit einem müden Lächeln an und der Kontostand befindet sich irgendwo unterhalb des Meeresspiegels. Schade Schokolade, dann halt Filme gucken und traurig sein?

Ach Quatsch, denn in Hamburg könnt ihr eine Menge toller Sachen unternehmen, die nicht einen Cent kosten: die Stadt von oben bewundern, Kunst in den Straßen entdecken, euch den Wind um die Nase wehen lassen, Lichtinstallationen schauen und sogar umsonst auf Konzerte gehen. Schnappt euch eure Freund*innen, und raus mit euch!

ERLEBNIS

Alter Elbtunnel

Einmal unter der Elbe durchradeln

St. Pauli

Bei den St. Pauli-Landungsbrücken, 20359 Hamburg

Die Stadt hinter euch lassen und buchstäblich abtauchen könnt ihr im Alten Elbtunnel, der momentan nur für Fußgänger*innen und Radfahrer*innen geöffnet ist. Ganz ohne Abgase radelt oder spaziert ihr von den Landungsbrücken bis nach Steinwerder munter unter der Elbe hindurch. Über hundert Jahre ist der Tunnel schon alt – hier könnt ihr Geschichte mal auf andere Art erleben.

ERLEBNIS

Bonschen bei der Entstehung zuschauen

Ottensen

Friedensallee 12, 22765 Hamburg

Der Bonscheladen ist nicht nur ein Geschäft – er ist eine Sehenswürdigkeit! Schon vor der Tür duftet es verführerisch nach Süßem. Nach Betreten des Ladens in Ottensen steuert ihr direkt auf den Tresen zu, um den fleißigen Handwerker*innen kostenlos bei der Herstellung der Bonschen (Bonbons) zuzuschauen. Die riesige Auswahl, entweder schon verpackt oder zum selbst zusammenstellen, liegt in ihrer bunten Vielfalt bereit zum Kauf.

bonscheladen

www.bonscheladen.de

Bunkerhill Galerie

Rauf in den Bunker und Kunst entdecken

St. Pauli
Feldstraße 66, 20359 Hamburg

Die Bunkerhill Galerie ist eine Produzent*innengalerie im fünften Stock des Feldstraßenbunkers, die vornehmlich junge Hamburger Kunst in all ihren Ausdrucksformen und Schattierungen präsentiert.

Nach dem Eintritt durch die dicken Bunkermauern könnt ihr auf 270 Quadratmetern monatlich wechselnde Ausstellungen zu unterschiedlichen Themen entdecken – und vielleicht ja auch die großen Künstler*innen von morgen.

ⓘ hilldegarden
www.hilldegarden.org/bunker-hill-galerie

Gängeviertel

Hamburgs besetztes Viertel kennenlernen

Hamburger Innenstadt
Valentinskamp 34/39, 20355 Hamburg

Das Gängeviertel Valentinskamp ist ein Ort mit langer Geschichte. Früher waren in den eng zusammenstehenden Häusern Arbeiterfamilien untergebracht; als der Gebäudekomplex in den 2000ern an einen Großinvestor verkauft werden sollte, besetzten Künstler*innen das Viertel. Heute finden hier kleine Konzerte statt, es gibt Musik und Kunstausstellungen und auch mal einen Rave. Und das alles meist kostenlos!

www.gaengeviertel-eg.de

ERLEBNIS

HVV-Fähre 62

Den ganz eigenen Titanic-Moment an Deck erleben

St. Pauli

Landungsbrücken, Brücke 3, 20359 Hamburg

Wenn ihr ein HVV-Ticket besitzt, dann könnt ihr euch damit eine Hafenrundfahrt gönnen. Die Fährlinie 62 steuert alle wichtige Sehenswürdigkeiten von den Landungsbrücken aus an, vorbei an der Cap San Diego und der Rickmer Rickmers bis hin zum Museumshafen Övelgönne. Auf den Fähren könnt ihr oben sitzen und euch den Wind um die Nase wehen lassen, was bei herrlichem Sonnenschein eine große Freude ist. Bei miesem Wetter habt ihr auch unter Deck einen guten Blick.

www.hadag.de/de/linien/62

Loki-Schmidt-Garten

Botanik zum Anfassen

Klein Flottbek
Ohnhorststraße, 22609 Hamburg

Der Loki-Schmidt-Garten schafft eine Atmosphäre, in der ihr euch kaum mehr wie in einer Großstadt fühlt. Tropengewächshäuser und Blumen jeglicher Couleur verzaubern euch auf einem Spaziergang.

Je nach Jahreszeit erstrahlt der Garten in anderen Farben und hält saisonale Überraschungen für euch bereit. Wir finden es zum Beispiel im Herbst besonders schön im Loki-Schmidt-Garten, dann empfängt euch ein buntes Farbenspiel aus Orange-, Gelb- und Rottönen – sehr zu empfehlen.

www.bghamburg.de

Murals

An jeder Ecke Street-Art abchecken

Ottensen

Katzen-Mural, Gaußstraße 158, 22765 Hamburg

Hamburgs Gebäude bieten riesige Flächen für Kunst – und mit Kunst meinen wir Murals. Immer mehr Wände trotzen dem tristen Beton mit bunter Farbe und beweisen damit: walls can dance! Von Super Mario in Eimsbüttel bis hin zum Wandbild in Gedenken an das jüdische Viertel am Grindel: Überall in Hamburg finden sich kleine bis riesige Kunstwerke, die eine Route durch die Stadt bilden.

Ein guter Startpunkt ist das Katzen-Mural von den Künstlern Zipper die Rakete und the Double B. Von da aus wandert ihr durch Altona, St. Pauli und die Schanze immer Richtung Alster und entdeckt spannende bunte Wände.

ERLEBNIS

161

Museumshafen Övelgönne

Alte Pötte aus vergangenen Zeiten bestaunen

Övelgönne
Fähranleger Neumühlen, 22763 Hamburg

Ein Museum ohne Dach: In Övelgönne findet sich der älteste deutsche Museumshafen. Hier liegen Wasserfahrzeuge der Berufsschifffahrt vor Anker, die restauriert wurden, um sie der Öffentlichkeit zu präsentieren. Ihr findet hier hauptsächlich Schiffe aus dem Zeitraum 1880 bis 1980, unter anderem auch das älteste Feuerschiff der Welt. Der Museumshafen ist rund um die Uhr geöffnet und kostet keinen Eintritt.

☺ museumshafen_oevelgoenne
www.museumshafen-oevelgoenne.de

ERLEBNIS

Stadtpark Open Air

Auf der Picknickdecke kostenlos Weltstars lauschen

Winterhude
Saarlandstraße 71, 22303 Hamburg

Auf der Stadtpark-Open-Air-Bühne spielen regelmäßig coole Bands und Künstler*innen. Ihr habt gerade überhaupt kein Geld für ein Ticket? Das Konzert ist ausverkauft? Kein Problem – schnappt euch eine Picknickdecke, ein paar Snacks und ein Kaltgetränk eurer Wahl und macht es euch auf den Wiesen außerhalb des Konzertgeländes gemütlich. So seht ihr die Band zwar nicht, könnt aber der Musik lauschen.

www.stadtparkopenair.de

Wasserlichtkonzerte Planten un Blomen

Einen Vino entkorken und Musik hören und sehen

St. Pauli

Planten un Blomen, St. Petersburger Straße, 20355 Hamburg

Wenn es sprießt und blüht, macht sich das grüne Herz Hamburgs schick und bietet neben frischen Blümchen und großen Liegeflächen auch Veranstaltungen wie die täglichen Wasserlichtspiele an – komplett for free.

Mitten im Planten un Blomen erwarten euch dann farblich inszenierte Wasserspiele mit (Live-)Musik in beeindruckender Kulisse. Mit einer Picknickdecke und einer Flasche Wein könnt ihr hier einen wunderbaren Sommerabend verbringen.

Zoologisches Museum

Antje, dem Walross, Hallo sagen

Rotherbaum
Bundesstraße 52, 20146 Hamburg

Wer sich für Säugetiere, Amphibien und Vögel interessiert, der ist im Zoologischen Museum bestens aufgehoben. Hier erfahrt ihr alles über die Entwicklung verschiedener Tierarten und warum viele von ihnen heute bedroht sind. 90.000 Präparate könnt ihr bei eurem Spaziergang durch die Hallen der Universität Hamburg bestaunen, darunter auch das beeindruckende Skelett eines riesigen Finnwals und die ausgestopfte Antje, das bekannte Fernsehwalross vom NDR.

☐ zoologischesmuseum.hamburg
www.hamburg.leibniz-lib.de/ausstellungen/museum-zoologie

E R L E B N I S

Nah am Wasser gebaut sind wir hier in Hamburg definitiv, das haben wir euch bereits bewiesen. Bis zu den Wolken ist es hingegen noch ein riesiges Stück: Der höchste Punkt der Stadt liegt gerade mal 116,2 Meter über dem Meeresspiegel.

Sei es drum, wir wollen euch an dieser Stelle dennoch elf Hamburger Orte zeigen, an denen ihr eine wirklich fantastische Aussicht habt. Viel Spaß beim Gucken!

A–Z

1 Altonaer Balkon
2 Aussichtsplattform Planetarium
3 Dockland
4 Elbphilharmonie Plaza
5 IKEA-Parkdeck
6 Jenischpark
7 Krugkoppelbrücke
8 Michel
9 Park Fiction
10 Steinwerder
11 Süllberg

1 ALTONAER BALKON

Der wohl größte Balkon Hamburgs mit dem eindrucksvollsten Panorama befindet sich in Altona: Der Altonaer Balkon bietet einen super Ausblick auf das bunte Treiben entlang der Elbe.

2 AUSSICHTSPLATTFORM PLANETARIUM

Das Planetarium ist eines der imposantesten Gebäude Hamburgs, und von der Aussichtsplattform habt ihr die ganze Stadt im Blick – das grenzt an Meditation.
⊙ planetariumhamburg,
www.planetarium-hamburg.de

3 DOCKLAND

Auf dem Uferstreifen zwischen Neumühlen und Speicherstadt befindet sich die öffentliche Dockland-Aussichtsplattform. Richtung Westen könnt ihr bis nach Stade gucken, und abends gibt es hier meist einen schönen Sonnenuntergang zu sehen.

4 ELBPHILHARMONIE PLAZA

Über den Hafen Hamburgs schauen und gleichzeitig das berühmteste Bauwerk der Stadt besuchen? Klar, geht völlig kostenlos auf der Plaza der Elbphilharmonie.

⊙ elbphilharmonie, www.elbphilharmonie.de

ERLEBNIS

5 IKEA-PARKDECK

Vom Parkdeck Nummer vier der IKEA-Filiale in Altona könnt ihr alles Sehenswerte der Stadt bewundern: Hafen, Schanzenturm, Elbphilharmonie und sogar das Volksparkstadion.

1 **Altonaer Balkon** Palmaille, Altona

2 **Aussichtsplattform Planetarium** Linnering 1, Winterhude

3 **Dockland** Van-der-Smissen-Straße 9, Altona

4 **Elbphilharmonie Plaza** Platz der Deutschen Einheit 4, Hafencity

5 **IKEA-Parkdeck** Große Bergstraße 164–180, Altona

7 KRUGKOPPELBRÜCKE
Einen der schönsten Blicke über die Alster und die ferne Skyline der Hamburger Innenstadt gibt es wohl von der Krugkoppelbrücke – egal ob an einem kalten Wintertag oder in der Sommerhitze.

6 JENISCHPARK
Die weitläufigen Grünflächen im Jenischpark sind Entspannung für die Augen. Ihr könnt wunderbar durch den Park spazieren und habt die Elbe dabei (fast) immer im Blick.
www.jenischparkverein.de

8 MICHEL
Ohne den Hamburger Michel wäre diese Liste nicht komplett. Wenn ihr die 452 Stufen im Turm erklommen habt, werdet ihr mit einem einzigartigen Ausblick auf Hamburg belohnt.
www.st-michaelis.de

10 STEINWERDER

Durch den ehrwürdigen Alten Elbtunnel gelangt ihr zum Aussichtspunkt Steinwerder, wo ihr selbst in der Großstadt eure Ruhe findet.

9 PARK FICTION

In Hamburg stehen Palmen? Klar, die legendären Metallpalmen im Park Fiction. In den Morgenstunden habt ihr diesen Ort und den Blick auf die Hafenkräne ganz für euch.

www.park-fiction.net

11 SÜLLBERG

Süße 74,6 Meter ist der Süllberg in Blankenese hoch und dennoch bietet er einen großartigen Blick auf den südlichen Teil Hamburgs, genauer gesagt auf Finkenwerder und Cranz.

ERLEBNIS

Ausgehen

AUSGEHEN

Day Drinking

Besonders wenn sich die Sonne zur Abwechslung mal am Hamburger Himmel zeigt und die Temperaturen steigen, möchten wir mit dem ersten Drink des Tages ungern bis zum Abend warten.

Dazu gibt es in der Stadt einfach zu viele schöne Spots, die uns den ganzen Tag über bittersüßen Aperol, erfrischende Weinschorle oder frisch gezapftes Bier servieren. Wenn es dann auch noch einen passenden Snack und eine schöne Aussicht gibt, sind wir restlos glücklich. Ja, wir bekennen: Wir sind Team Day Drinking!

AUSGEHEN

A–Z
1 Aurel
2 Bar Oorlam
3 Berta Emil Richard Schneider
4 Blomquist
5 Ginst
6 Kante
7 Katze
8 Liberté
9 Little Amsterdam
10 Sierichs Biergarten
11 The Drunken Oyster

Aurel

Cornern auf dem Kantstein

Ottensen

Bahrenfelder Straße 157, 22765 Hamburg

Im Aurel ist Platz für 120 Gäste, dann ist es aber auch proppenvoll. Die Stimmung ist trotz der vielen Leute angenehm lässig. Die meisten bestellen einen kühlen Caipirinha (vor allem in der Happy Hour) oder ein Bier vom Fass. Wenn ihr nicht aufs Aurel verzichten wollt, obwohl der Laden schon voll ist, schnappt ihr euch am Tresen einen Drink und setzt euch einfach gepflegt auf den Kantstein auf der anderen Straßenseite (Achtung: Immer schön die Füße einziehen, wenn der Linienbus vorbeirollt!) – Cornern für echte Genießer*innen!

⊙ aurel_bar

176

Bar Oorlam

Zapfen, was das Zeug hält

Neustadt
Kohlhöfen 29, 20355 Hamburg

London hat Chinatown, New York hat Little Italy. Hat Hamburg dafür ein Klein-Amsterdam? Zumindest kann die Bar Oorlam in der Neustadt als kleine niederländische Enklave mitten in der Hansestadt dienen.

Hier könnt ihr euch durch Biere aus 15 Zapfhähnen probieren – gebraut von Simon, dem Freund von Besitzerin Nienke, der in seiner Buddelship-Craftbeer-Brauerei in Stellingen 40 (!) verschiedene Sorten produziert. Bei schönem Wetter kann man das Bier auch auf einer kleinen Terrasse genießen.

@ bar_oorlam
www.oorlam.de

Berta Emil Richard Schneider

Mit Bloody Marys gegen den Kater beim Boozy Brunch

Sternschanze
Kampstraße 25–27, 20357 Hamburg

Wir liiieben Brunch. Und vor allem lieben wir es, wenn dabei getrunken wird. Ganz im Stil des amerikanischen Brunchs wird es im Berta Emil Richard Schneider am Wochenende boozy.

Das bedeutet: Ihr bekommt nicht nur grandioses Frühstück wie Sauerteigbrot mit getrüffeltem Rührei und Cheddar, Arme Ritter mit Mascarponecreme oder pochiertes Ei auf Avocadobrot, sondern auch klassische Breakfast-Drinks wie Mimosas (Orangensaft mit Sekt) und scharfe Bloody Marys mit Selleriestange. So verschwinden der flaue Magen und die Kopfschmerzen richtig schnell wieder!

🄾 bertaemilrichardschneider
www.berta-emil-richard-schneider.de

AUSGEHEN

Blomquist

Das feuchtfröhliche Rundumpaket

Eppendorf
Hegestraße 68, 20249 Hamburg

Unweit des Eppendorfer Baums könnt ihr euch im Blomquist auf der offenen Terrasse so einiges genehmigen: Gestartet wird mit einem boozigen Frühstück, mittags gibt es dann ein deftig belegtes Brot und zum Abendessen eine knusprige Pizza. Sollte die Sonne mal nicht mitspielen, könnt ihr es euch im skandinavisch eingerichteten Innenraum gemütlich machen. Auf dem Trockenen müsst ihr hier offensichtlich nicht sitzen, denn es gibt eine große Auswahl an Gin, feinen Weinen und Bieren.

⊙ blomquist_eppendorf
www.bistroblomquist.com

Ginst

Den Pfad in den Drink-Dschungel einschlagen

St. Pauli
Paul-Roosen-Straße 28, 22767 Hamburg

Das Ginst bietet alles, was eine gute Stammbar braucht: gemütliche Sofas, schummriges Licht, feine Drinks und verschiedene Shots sowie erfahrene Gastronom*innen, die wissen, wie sie euch glücklich machen.

Hinter dem Ginst stecken Nick und Nina, die Gründer*innen vom Kraweel, das nur ein paar Meter weiter beheimatet ist. Ein bisschen fühlt man sich hier wie in einem Großstadtdschungel, denn die kühlen Getränke werden euch zwischen Monstera und Co. serviert.

🖸 ginst_st.pauli

Kante

Ein Schuhkarton mit Panoramablick

St. Pauli
Wohlwillstraße 54, 20359 Hamburg

Es gibt Orte, die sind so richtig wunderbar, zum Beispiel die Kante auf
St. Pauli. Setzt euch vor den kleinen Eckladen, beobachtet den Trubel
am Grünen Jäger, trinkt einen richtig guten Kaffee und esst dazu ein
Stück Kuchen. Dann trinkt ihr vielleicht noch einen Port Tonic und
verdrückt eine Focaccia mit Gewürzgurke und Chips. Und auf einmal
ist der Tag rum und ihr denkt euch: Huch, wie ist denn das passiert?

@ kante.st.pauli

Katze

Den vielleicht besten Caipi der Stadt trinken

Sternschanze
Schulterblatt 88, 20357 Hamburg

Mittags könnt ihr hier prima die Sonne über der Schanze genießen,
dazu gibt es ein Käffchen, ein leckeres Stück Kuchen – oder eben den
ersten Drink des Tages. Abends mutiert die Katze zu einer der beliebtesten Bars der Schanze. Regelmäßig bildet sich vor dem kleinen Laden
eine Schlange. Die Drinks sind nicht teuer, aber trotzdem echt gut.
Zur Caipi-Happy-Hour bekommt ihr Caipis für schlappe 4,50 Euro.
Aber auch alle anderen alkoholischen Gelüste werden hier befriedigt.

☺ katze.hamburg

Liberté

La vie en rose direkt am Hafen

St. Pauli
Große Elbstraße 9A, Anleger, 22767 Hamburg

Lust auf richtig gute französische Küche mit fabelhaftem Ausblick? Beides findet ihr im Liberté direkt auf dem Fähranleger am Fischmarkt. Neben Klassikern wie Miesmuscheln und Tartar bekommt ihr hier auch eine fantastische Auswahl an Cocktails und Weinen serviert.

Das Liberté ist fast schon ein Erlebnisrestaurant: Wenn ihr draußen sitzt, halten direkt vor eurer Nase die Fähren und manchmal schaukelt es auch ein bisschen – mehr Hamburg-Feeling geht nicht!

◎ libertehamburg
www.liberte.hamburg.de

Little Amsterdam

Vor lauter Bierseligkeit nicht mehr aus dem Sonnenstuhl kommen

Hoheluft-Ost
Klosterallee 69, 20144 Hamburg

An der Ecke zwischen Lehmweg und Klosterallee steht ein rotes Backsteinhäuschen, das mit einer großen grünen Wiese und Liegestühlen dazu einlädt, die Beine auszustrecken und sich die Sonne auf den Bauch scheinen zu lassen.

Im Little Amsterdam findet ihr alles, was zu einem perfekten Sommertag gehört: frisch gezapftes Bier, allerlei Longdrinks und weitere kühle Getränke, leckeres Food, eine große Terrasse und gemütliche Sitzgelegenheiten. So lässt es sich doch leben!

⊙ littleamsterdamhh

A
U
S
G
E
H
E
N

Sierichs Biergarten

In den Sonnenuntergang trinken

Winterhude
Südring 5B, 22303 Hamburg

Seit 2017 gibt es Sierichs Biergarten in dieser Form direkt am Stadt-parksee. Von einer der unzähligen Bierbänke aus könnt ihr in den Abendstunden einen herrlichen Sonnenuntergang hinter dem Planetarium erleben. Wem es um die Mittagszeit zu warm wird, dem empfehlen wir eine Abkühlung im angrenzenden Naturbad. Die Getränkeauswahl bietet neben Bier auch verschiedene Weine, und falls ihr mit nüchternem Magen auftaucht, versorgt euch die Küche mit Pommes oder Burgern.

@ sierichsbiergartenhamburg
www.sierichs.de

The Drunken Oyster

Schlucken, nicht spucken

Altona-Nord
Max-Brauer-Allee 279, 22769 Hamburg

In der Drunken Oyster muss niemand verdursten, denn hier gibt es viele tolle Drinks, etwa Rosato Mio, und leckere Hausweine. Das Sahnehäubchen in der Drunken Oyster sind – guess what? – Austern!
Ihr habt an der Austernbar die Wahl zwischen Geay-Austern, Umami-Austern und Gillardeau-Austern, die ganz frisch mit Zitrone und einer Schalottenvinaigrette serviert werden. Also: Schlürft los – egal ob Austern oder Drinks!

© thedrunkenoysterbar
www.thedrunkenoyster.de

„Es ist wieder einmal Samstagnacht irgendwo mitten in der Hansestadt" – und das bedeutet: Ihr habt die Qual der Wahl, wo heute eure Party steigen soll. Egal ob ihr Fraktion schick, lässig oder Vollgas seid, Hamburg hält für jeden Geschmack etwas bereit.

Wollt ihr zu feinsten elektronischen Beats bis in die Morgenstunden absteppen, jazzigen Klängen lauschen oder doch lieber zu Hip-Hop-Hymnen die Hüften kreisen lassen? Bei deutlich zu vielen Schnäpsen, Schweiß, der von den Wänden tropft, und Konfetti auf dem Boden – in diesen Hamburger Clubs wird ordentlich gefeiert.

AUSGEHEN

A–Z

1 Edelfettwerk
2 Freundlich + Kompetent
3 Golden Pudel Club
4 Grüner Jäger
5 Hafenklang
6 Mojo Club
7 Molotow
8 PAL
9 Südpol
10 Uebel & Gefährlich
11 Waagenbau

1 EDELFETTWERK

In der alten Edelfett-Fabrik in Eidelstedt steigen Indoor- und Outdoor-Raves. Im Zentrum findet ihr einen alten Turm mit Bar und einem Rundblick über das Areal.

◎ edelfettwerk, www.edelfettwerk.de

2 FREUNDLICH + KOMPETENT

Das Mauerwerk im Freundlich + Kompetent erinnert an eine Kapelle voller cooler Graffitis. Musikalisch erwartet euch hier alles, was das Herz begehrt: 90er, Pop, Rock oder Hip-Hop.

◎ freundlichundkompetent,

www.freundlichundkompetent.de

3 GOLDEN PUDEL CLUB

Der Kultclub, früher ein altes Schmugglergefängnis, bietet Nachtschwärmer*innen aller Art ein Zuhause. Lange war er Treffpunkt der Musikbewegung Hamburger Schule.

◎ pudel_com, www.pudel.com

4 GRÜNER JÄGER

Auf über 200 Quadratmetern ist hier Platz für Kunst, Kultur und Gemeinschaft. Abgesehen von feinster Feierei finden im Grünen Jäger auch Lesungen und Konzerte statt.

gruener_jaeger_st_pauli,

www.gruener-jaeger-stpauli.de

5 HAFENKLANG

In den 70er-Jahren nahmen Musikgrößen wie Udo Lindenberg hier ihre ersten Tonträger auf. Heute gibt es im Hafenklang vor allem elektronische Rhythmen und Punkmusik auf die Ohren.

hafenklanghamburg, www.hafenklang.com

6 MOJO CLUB

Im Mojo Club könnt ihr super zu Soul und Hip-Hop tanzen. Durch zwei schleusenartige Tore geht es über gewundene Treppen ins unterirdische Partyparadies.

mojo_club, www.mojo.de

1 **Edelfettwerk** Schnackenburgallee 202, Eidelstedt

2 **Freundlich + Kompetent** Hamburger Straße 13, Barmbek-Süd

3 **Golden Pudel Club** St. Pauli Fischmarkt 27, St. Pauli

4 **Grüner Jäger** Neuer Pferdemarkt 36, St. Pauli

5 **Hafenklang** Große Elbstraße 84, St. Pauli

6 **Mojo Club** Reeperbahn 1, St. Pauli

A
U
S
G
E
H
E
N

7 MOLOTOW

Wer auf Rock- und Indiemucke steht, ist im Molotow an der richtigen Adresse. Hier vergeht kein Abend, ohne gemeinsam eine Runde Oasis oder Journey zu grölen.

◎ molotowclub, www.molotowclub.com

8 PAL

Direkt an der Messe liegt Hamburgs wohl beliebtester Technoclub. Das PAL ist einer dieser Clubs, in denen der Beat nie pausiert und man jegliches Zeitgefühl verliert.

◎ pal.hamburg, www.pal-tv.de

9 SÜDPOL

Hoppla, schon hell?! Der Südpol im Kulturzentrum Hochwasserbassin ist dafür bekannt, dass hier der Freitagabend ganz plötzlich zum Montagmorgen wird.

◎ suedpol_hamburg, www.suedpol.org

10 UEBEL & GEFÄHRLICH

Im vierten Stock des Luftschutzbunkers auf dem Heiligengeistfeld steigen im Uebel & Gefährlich hinter dicken Mauern Konzerte, grandiose Techno-partys und weitere Kulturevents.

⌾ uebel_und_gefaehrlich,

www.uebelundgefaehrlich.com

11 WAAGENBAU

Direkt an der Sternbrücke liegt ein ultimatives Stampfer*innen- und Raver*innen-Mekka. Ihr könnt hier nicht nur bis zum Sonnenaufgang und weiter tanzen, sondern auch auf Konzerte gehen.

⌾ waagenbau

7 **Molotow** Nobistor 14, St. Pauli

8 **PAL** Karolinenstraße 45, Karolinenviertel

9 **Südpol** Süderstraße 112, St. Georg

10 **Uebel & Gefährlich** Feldstraße 66, Karolinenviertel

11 **Waagenbau** Max-Brauer-Allee 204, Altona-Nord

Der Kiez gehört zu Hamburg wie der Fisch ins Brötchen und die Regenjacke in eure Garderobe: In bester Lage auf der Paul-Roosen-Straße oder in den vielen feinen Seitenstraßen der Reeperbahn reihen sich die Bar- und Clubschätze aneinander.

Laut ins Karaokemikro grölen, den ein oder anderen scharfen Mexikaner bestellen oder sich nach einer durchtanzten Nacht noch einen Absacker genehmigen – in diesen Läden seid ihr so was von cool unterwegs auf unserem geliebten Hamburger Kiez. Ihr wisst doch, wie es läuft: Nich lang schnacken, Kopp in Nacken.

AUSGEHEN

A–Z
1 Barbarabar
2 Café Miller
3 Clockers
4 Gruenspan
5 Holsten Schwemme
6 Möwe Sturzflug
7 Sommersalon im Klubhaus
8 Standard
9 Thai Oase
10 The Chug Club
11 Weinladen St. Pauli

Barbarabar

Billiges Barvergnügen auf dem Berg

St. Pauli
Hamburger Berg 11, 20359 Hamburg

Falls ihr auf die Idee kommt, tanzen zu gehen, dann solltet ihr eventuell den Hamburger Berg in Betracht ziehen, besonders wenn euer Geldbeutel etwas schmaler ist. Eventuell solltet ihr dann auf diesem Berg nicht an der Barbarabar vorbeiziehen. Zwischen oranger Tapete, Discokugel und einem Fotoautomaten lässt es sich nämlich nicht nur eventuell, sondern auf jeden Fall die ein oder andere Stunde aushalten. Die passenden Drinks gehen dazu auch en masse über die Ladentheke.

www.barbarabar.de

Café Miller

Die Fußballkneipe mit dem gewissen Kick

St. Pauli
Detlev-Bremer-Straße 16, 20359 Hamburg

Das Café Miller ist vor allem St.-Pauli-Fans ein Begriff, schließlich wird in der Kneipe jedes Spiel der Kiezmannschaft auf Leinwand übertragen. Dass es hier aber auch astreines Frühstück, richtig leckeren Kuchen und Heißgetränke gibt, ist für manche vielleicht eine Überraschung.

Das Café ist wunderbar geeignet, um sich mit Vertreter*innen verschiedener Geschmäcker zu treffen und sich die Bäuche am Brunchbuffet vollzuschlagen. Wenn ihr zu später Stunde vorbeischaut, holt ihr euch am besten ein Käse-Schinken-Sandwich.

@ dascafemiller
ww.cafemiller.eatbu.com

Clockers

Im Ledersessel bei einem Gin Tonic
über die Welt philosophieren

St. Pauli
Paul-Roosen-Straße 27, 22767 Hamburg

Das Clockers überzeugt nicht nur mit erstklassigem Ambiente, sondern auch mit einmaligen Drinks. Die Gin-Tonic-Auswahl ist riesig – hier könnt ihr nicht nur euren Gin wählen, sondern auch euer Tonic Water.

Der Clou an der ganzen Sache: Der Gin, den ihr hier probieren könnt, wird von der Clockers-Familie selbst destilliert. Freund*-innen von Wodka-Red-Bull hingegen werden enttäuscht, denn der geht hier nicht über die Ladentheke. Gönnt euch.

⊚ clockers_hamburg
www.clockers.hamburg.de

Tipp
Den lauschigen Raum oben kann man auch
für private Veranstaltungen mieten.

Gruenspan

Absteppen auf legendärem Parkett

St. Pauli
Große Freiheit 58, 22767 Hamburg

Schon seit über fünfzig Jahren werden im Gruenspan an der Großen Freiheit grandiose Rockkonzerte und allerlei feine Partys gefeiert. Schon Legenden wie Linkin Park und R.E.M. haben hier auf der Bühne feierwütige Hamburger*innen begeistert.

Wenn mal gerade keine Live-Performance stattfindet, fliegen bei Partys die Fetzen. Wer also wirklich Bock hat, die Kulturszene Hamburgs zu erleben, der darf am Gruenspan nicht vorbeilaufen.

⊚ gruenspan_hamburg
www.gruenspan.de

AUSGEHEN

Holsten Schwemme

Saufen wie echte Seeleute

St. Pauli
Herrenweide 2A, 20359 Hamburg

Wem die laute Reeperbahn zu viel wird, der sollte in eine der zahl-
reichen Seitenstraßen abbiegen. Hier findet ihr zum Beispiel die
Holsten Schwemme, die mit uriger Einrichtung, gesprächigem
Barpersonal und Gästen, mit denen es sich immer super unter-
halten lässt, überzeugt.

An den Wänden hängen alte Fischernetze, historische Land-
karten und eine Menge Anker. Bestellt werden hier natürlich das
klassische Herrengedeck oder die hausgemachten Mexikaner.
Solltet ihr testen und vor allem lieben lernen.

Möwe Sturzflug

Im Sturzflug auf St. Pauli

St. Pauli
Clemens-Schultz-Straße 96, 20359 Hamburg

Neben dem Vornedrin macht vor allem das Hintendrin den Charme der Möwe Sturzflug aus. Vorne drin ist eine Theke, an der man seine Getränke bestellt. Auf bunten, verzierten Schildern an der Wand hinter der Bar findet sich die Getränkekarte. Es gibt eine große Auswahl an Cocktails, Longdrinks und Spirituosen.

Hinten drin sind zwei Räume, die mit schönen alten Sofas und Lampen bestückt sind. Im Sommer ist der Laden nicht nur innen gut besucht – auch draußen ist dann jede Menge los.

◎ moewesturzflug

AUSGEHEN

Sommersalon im Klubhaus

Knutschen unter der Discokugel

St. Pauli
Spielbudenplatz 22, 20359 Hamburg

Seit Jahren beglückt der Sommersalon die gepflegte Feiermeute der Reeperbahn mit feinen Drinks und Tunes. Der Laden ist Teil des Klubhaus St. Pauli mit seiner imposanten Medienfassade.

Dancehall, Hip-Hop oder Funk tönt aus den Boxen, und ihr findet genug Platz, um das Tanzbein zu schwingen. Wer tanzt, der wird natürlich durstig. Deshalb gehen im Sommersalon auch reichlich Bier und Cocktails über den Tresen.

@ sommersalonhamburg
www.sommersalon.de

Standard

Dolce Vita mitten auf dem Kiez

St. Pauli
Große Freiheit 90, 22767 Hamburg

Das kleine und feine Standard auf dem letzten Abschnitt der Großen Freiheit bringt ein Stück Italien nach St. Pauli. Hier wird wohl der beste Negroni der Stadt verkauft, den ihr euch übrigens auch im Fläschchen für den Genuss in den eigenen vier Wänden mit nach Hause nehmen könnt. Dazu bekommt ihr Stuzzichini (kleine italienische Leckereien), wie es sich für einen richtigen Aperitivo gehört.

Bei gnädigen Temperaturen macht ihr es euch auf der Terrasse gemütlich und lasst den Tag an euch vorbeiziehen. Freut euch auf große Gastfreundschaft und feinste Aperitivotradition!

@ dasstandard
www.standard.hamburg.de

Thai Oase

Beim Karaoke zum Rockstar mutieren

St. Pauli
Große Freiheit 38, 22767 Hamburg

Kaum eine Location hat so viel Kultcharakter wie die Thai Oase. Und wie sich das für eine richtige Kultbar gehört, fühlt man sich hier so wohl, dass der letzte Drink oft erst um sechs oder sieben Uhr morgens über den Tresen geht. Als wäre das nicht schon genug, wird in der Thai Oase auch noch fleißig Karaoke gesungen – und zwar mit schön trashigen Klassikern wie „Angels" von Robbie Williams oder „Coco Jamboo" von Mr. President. We love it!

⌾ thaioase
www.thai-oase.com

The Chug Club

Unter der Aufsicht mexikanischer Wrestler*innen einen heben

St. Pauli
Taubenstraße 13, 20359 Hamburg

Auf der Reeperbahn feiern zu gehen ist manchmal einfach richtig anstrengend. Wie gut, dass sich die wahren Schätze in den Seitenstraßen St. Paulis verbergen – wie beispielsweise der Chug Club.

Seit 2015 findet ihr hier abgefahrene Drinks wie Buttermilch-Margarita und Mezcal mit Mohn-Zucker-Rand. Oder ihr gönnt euch gleich das fabelhafte Chug-Menü, das fünf selbst kreierte Kurze und ein Zwischenbier für durstige Kehlen bereithält. Wer weniger experimentierfreudig ist, bekommt aber auch alle üblichen Drinks – nur eben in verdammt lecker.

◎ thechugclub
www.thechugclub.bar

AUSGEHEN

Weinladen St. Pauli

Trauben statt Tauben auf St. Pauli

St. Pauli
Paul-Roosen-Straße 29, 22767 Hamburg

Als wäre die Paul-Roosen-Straße nicht schon schmuck genug, versteckt sich hier auch noch eines der schönsten Weinlokale Hamburgs. Der Weinladen St. Pauli lädt besonders an sonnigen Nachmittagen zu einem kühlen Glas Weißwein vor der Tür ein.

Ansonsten trifft sich die gesamte Nachbarschaft, schnackt, probiert sich durch die Auswahl an über 200 Weinen und gönnt sich eine herzhafte Brotzeit. Immer wieder veranstaltet der Weinladen auch Events, bei denen man sein Weinwissen aufpolieren kann.

weinladenstpauli
www.weinladen.de

AUSGEHEN

Schummrig schön

Wild feiern ist super. Doch manchmal sehnen wir uns auch nach einem ruhigen Abend in Gesellschaft. Genauer gesagt nach einem Plätzchen, an dem die Gespräche unter vier Augen bleiben, man sich tiiiiefe Blicke zuwerfen und unter dem Tisch füßeln kann. Am besten natürlich bei Kerzenschein, mit unaufgeregter Hintergrundmusik und einem fantastischen Drink in der Hand.

Wenn ihr also auf der Suche nach der perfekten Location für ein erstes Date seid oder einen Jahrestag feiern wollt, dann werdet ihr in dieser Liste mit elf schummrig-schönen Bartipps mehr als nur fündig.

AUSGEHEN

A–Z
1 Bar Le Lion
2 Bar Noir Tortue
3 Berglund
4 Berliner Bahnhof
5 Botanic District
6 Die alte Druckerei
7 Drilling
8 Drip Bar
9 Liquid Garden
10 The Boilerman Bar
11 The Rabbithole

Bar Le Lion

Die Geburtsstätte des Gin Basil Smash besuchen

Hamburger Innenstadt
Rathausstraße 3, 20095 Hamburg

Zwischen Mönckebergstraße und Rathausmarkt befindet sich die Bar Le Lion. Hier könnt ihr fantastische Drinks in Pariser Ambiente genießen. Der Gin Basil Smash, als dessen Erfinder der Le-Lion-Besitzer Jörg Meyer gilt, und der Negroni gehören zu den Rennern unter den Stammgästen.

Aber auch das ein oder andere Glas Champagner geht hier über den Tresen. Jazz, RnB und Soul dienen als musikalische Begleitung für einen feuchtfröhlichen Abend.

◎ barlelion

Bar Noir Tortue

Glas für Glas neue Geschmackserinnerungen schaffen

Hamburger Innenstadt
Stadthausbrücke 10, 20355 Hamburg

Die Bar im Tortue Hotel ist ein stilvoller Ort für alle, die gern internationales Flair und intensive Geschmacksnoten genießen. Dafür sorgen unter anderem die 15 Signature Drinks. Durch Geschmack und Geruch, durch die Illustrationen in der Karte und die ausgefallenen Namen werden neue Erinnerungen und Assoziationen geschaffen.

Empfehlung von Barmanager Richard Dührkohp: der L'Avocat mit dem Tequila Patrón Silver, dem Orangenlikör Clément Créole Shrubb, frischem Limettensaft, Zitruszucker, Seaweed Bitters und Avocado-Reismilch-Espuma. Klingt fancy, schmeckt fantastisch!

@ barnoir_hamburg
www.tortue.de

A
U
S
G
E
H
E
N

Berglund

An der Bar über Whisky fachsimpeln

Winterhude
Gertigstraße 14, 22303 Hamburg

Wer Durst auf einen richtig guten Moscow Mule, London Buck oder Old Fashioned hat, der sollte ins Berglund gehen. Hier wird man in loungiger Atmosphäre bei gedimmtem Licht in einer tollen und auf Anhieb gemütlichen Bar empfangen.

Ganz abseits des Mainstreams mixen euch die erfahrenen Bartender*innen den perfekten Drink. Auch draußen sitzt es sich bei gutem Wetter einwandfrei. Das Berglund hat auf jeden Fall Lieblingsbarpotenzial!

◎ berglund_bar
www.berglund-bar.com

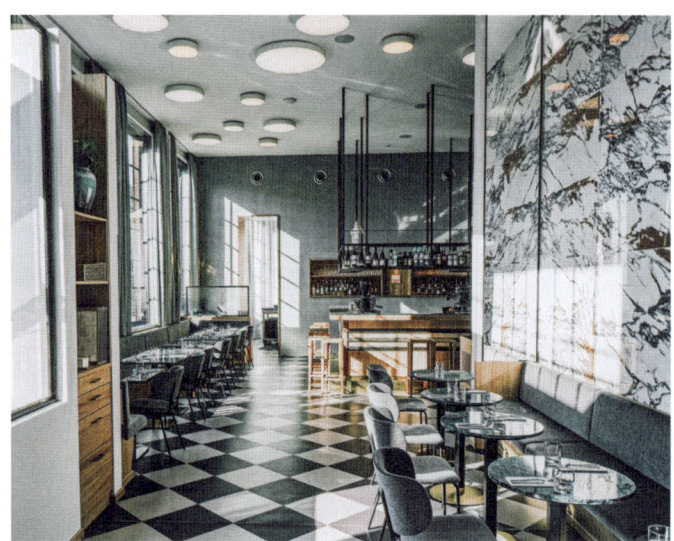

Berliner Bahnhof

Nach Kunst an den Wänden folgt Kunst im Glas

Hamburger Innenstadt
Deichtorstraße 1, Nordhalle, 20095 Hamburg

Im Berliner Bahnhof bekommt ihr tagsüber nach dem Besuch einer Ausstellung in den Deichtorhallen Kaffee und Kuchen und allerlei Kleinigkeiten. Abends verwandelt sich der schicke Gastraum, der mit viel Marmor und Spiegeln bestückt ist, in eine fabelhafte Bar. Dann werden euch hier Drinks serviert, die unter anderem Jörg Meyer von der Bar Le Lion mitentwickelt hat: zum Beispiel der Watermelon Negroni und der Berlini mit Crémant und Birne.

@ berlinerbhf_dth
www.berlinerbahnhof.com

Botanic District

Eine Gin-Patenschaft übernehmen

Hoheluft-Ost
Hegestraße 14–16, 20251 Hamburg

Schon mal einen Lavendel-Veilchen-Drink probiert? Beantwortet diese Frage unbedingt mit „bald ja" und lauft auf dem schnellsten Weg nach Eppendorf. Mit dem Botanic District hat das Viertel einen fabelhaften Abend-Hotspot, in dem die Drinks so gut sind, dass Hamburger*innen aus sämtlichen Richtungen hierherströmen.

Besonders cool: Es gibt sogar ein Gin-Privatlager. Ihr kauft eine Flasche Gin, die mit eurem Namen versehen wird und dann jedes Mal, wenn ihr kommt, herausgeholt wird. Damit werden euch dann die besten Drinks kredenzt. Auch nicht zu vernachlässigen ist die vorzügliche Speisekarte mit Tapas, Bowls und Burgern.

⊙ botanicdistrict
www.botanic-district.de

AUSGEHEN

Die alte Druckerei

Das Traumpaar aus Käse und Wein bestellen

Hamburger Innenstadt
Kattrepel 2, 20095 Hamburg

Die alte Druckerei im Kontorhausviertel eignet sich perfekt für ein Weinchen nach der Arbeit. Mit viel Können und Liebe zum Detail bekommt ihr bei Besitzerin Valerie alles, was das Weinherz begehrt. Die Weine sind sorgfältig ausgewählt und kommen aus Südafrika, Hessen oder Südbaden.

Dass man hier wirklich in einer alten Druckerei sitzt, erkennt man an den historischen Details, die in den Räumlichkeiten beibehalten wurden: ein Tresor im Keller, alte Setzkästen und originale Schränke, die im Küchenbereich integriert wurden. Außerdem nicht zu vernachlässigen sind die leckeren Aperitiv-Platten.

@ diealtedruckerei
www.die-alte-druckerei.de

Drilling

Schnaps aus der hauseigenen Destille kippen

Othmarschen
Friesenweg 4, 22763 Hamburg

Dass sich im roten Backsteindschungel Bahrenfelds ein Ort befindet, der den schönen Dingen des Alltags frönt, vermutet man eher nicht. Doch dann betritt man das Drilling: Hohe Decken, grüne Pflanzen, schummriges Licht und bequeme Ledersessel schaffen einen perfekten Ort für einen richtig guten Drink.

Das Herz des Ladens schlägt im hinteren Raum, in dem sich die kupferfarbene Destille befindet, in der vom Obstbrand bis zum Wodka alles selbst hergestellt wird. Ein Unikat in Hamburg!

drillinghamburg
www.drilling.hamburg

Drip Bar

Der Tropfen, der das Glas
zum Überlaufen bringt

St. Pauli
Antonistraße 4, 20359 Hamburg

In der Drip Bar unten am Hafen bekommt ihr definitiv fancy Drinks: Das Hochprozentige tropft dabei im Slow-Drip-Verfahren stundenlang auf diverse Gewürze, um perfekt veredelt zu werden.

In dieser Bar wird Alkohol nicht einfach nur getrunken, man nimmt ihn – zumindest gefühlt – als Fünf-Gänge-Menü zu sich. Ob ausgefallene Cocktails wie der Red Goat Margarita mit Roter Bete oder ein Klassiker wie Gin Tonic – in der Drip Bar geht getränketechnisch echt einiges!

© _dripbar_
wwww.dripbar.de

218

Liquid Garden

Sich rund um den Globus trinken

Hamburger Innenstadt
Mohlenhofstraße 6, 20095 Hamburg

Im Juli 2021 haben Bennet, Charles und Conor das Liquid Garden in der Hamburger Innenstadt eröffnet. Der kleine, aber sehr feine Laden hat genau die richtige Größe für entspannte Drinks in angenehmer Atmosphäre.

Die Barkarte ist wirklich ganz besonders – im Liquid Garden habt ihr nämlich die Möglichkeit, euch einmal um die Welt zu trinken: Die Mission führt euch vom Norden bis nach Asien oder ans Mittelmeer, von Afrika bis nach Lateinamerika oder in den Mittleren Osten. Für jeden Geschmack ist hier etwas dabei!

⌾ liquid.garden
www.liquidgarden.de

AUSGEHEN

The Boilerman Bar

'Ne Buddel voll Rum im alten Hafenamt leer machen

Hafencity
25hours Hotel Altes Hafenamt, Osakaallee 12, 20457 Hamburg

„Hier kommt man als Fremder und geht als Freund", behauptet Bar-chef Nico Ohlmann. Und dazwischen probiert man in angenehmer Wohnzimmeratmosphäre bei guter Musik die ein oder andere High-ball-Kreation – zum Beispiel den Rum-Highball Sloppy Joe's Mojito mit Bacardi Cuatro, Granatapfelsirup, Limettensaft, Minze und Soda. Die Boilerman Bar ist zwar auf Rum spezialisiert, natürlich finden aber auch Spirituosen wie Whisky, Gin und Tequila ihre Verwendung in den grandiosen Highballs.

ⓘ boilermanbar
www.boilerman-hafenamt.de

The Rabbithole

Nichts für Hasenfüße

St. Pauli

Kleine Freiheit 42, 22767 Hamburg

„Hoppelhäschen, lauf nicht fort, ich komm mit dir an deinen Ort!",
rief Alice und folgte dem weißen Kaninchen. Sie trank aus immer
neuen Flaschen, wurde größer, wurde kleiner, fühlte sich verwirrt
und dann ganz klar, als sie das Wunderland wieder verließ.

Genau so zieht das Rabbithole seit 2016 Kenner*innen der ge-
pflegten Trinkunterhaltung in seinen Bann. Das Rabbithole ist eine
kleine Welt, in der es fancy Drinks wie den French Rabbit, den
Primavera oder den Cardamom Collins gibt.

the_rabbithole_bar

www.the-rabbithole.de

Viertelcheck

VIERTELCHECK

EIDELSTEDT

CITY-NORD

LOKSTEDT

Stadtpark

EPPENDORF

STELLINGEN

WINTERHUDE

Viertelcheck
Barmbek
→ S. 230

HOHELUFT-OST

HOHELUFT-WEST

Viertelcheck
Hoheluft
→ S. 226

Kaiser-Friedrich-Ufer

HARVESTEHUDE

BARMBEK-S

EIMSBÜTTEL

UHLENHORST

ALTONA-NORD

STERNSCHANZE

ROTHERBAUM

Außenalster

Planten un Blomen

OTTENSEN

Altonaer Bahnhof

Kleine Wallanlagen

HOHENFELDE

Viertelcheck
Ottensen
→ S. 238

ST. GEORG

NEUSTADT

Binnenalster

Walter-Möller-Park

Große Wallanlagen

Hauptbahnhof

Viertelcheck
Neustadt
→ S. 234

BORGFEL

ST. PAULI

Altonaer Balkon

ALTONAER FISCHMARKT

Elbe

Speicherstadt

Norderelbe

HAFENCITY

ROTHENBURGS

STEINWERDER

Viertelcheck
Wilhelms-
burg
→ S. 242

WILHELMSBURG

Legende

Stadtviertel, Touren

Parks, Grünanlagen

Fluss, See

Straße, Autobahn

500 m

Hamburg ist so vielfältig wie seine 104 Stadtteile. Vom Prunk und Protz der Elbvororte bis hin zu den trubeligen Wohnblöcken südlich der Elbe – jedes Viertel ist sein ganz eigener Mikrokosmos, mit eigenem Vibe, eigener Kultur und eigenen Menschen.

Wer in Hamburg lebt, entscheidet sich für oder gegen ein Alsterufer und streitet über die Bedeutung des Nordens und Südens der Elbe. Und wer seine Wahl getroffen hat, liebt und lebt sein Viertel – und verlässt es ungern.

In unserem Viertelcheck nehmen wir euch mit auf Entdeckungstour durch Hoheluft und Barmbek, zeigen euch die schönsten Ecken der Elbinsel Wilhelmsburg, die kleinen Besonderheiten Ottensens und verraten euch die Geheimnisse der Neustadt – damit ihr eure vertrauten Straßenzüge hinter euch lasst und die einzelnen Puzzleteile, die Hamburgs Charakter ausmachen, zusammenlegen könnt. Also schnappt euch den Regenschirm (oder vielleicht sogar die Sonnenbrille!) und erlebt Hamburgs Vielseitigkeit!

Viertelcheck
Hoheluft
Barmbek
Neustadt
Ottensen
Wilhelmsburg

Viertelcheck
Hoheluft

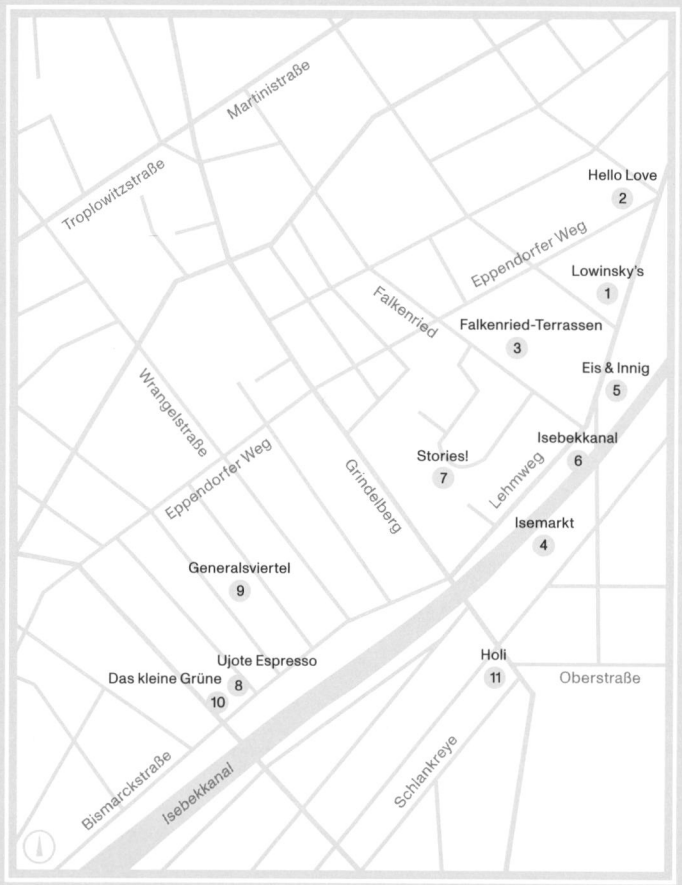

1 Lowinsky's, Lehmweg 36
2 Hello Love, Eppendorfer Weg 283
3 Falkenried-Terrassen, Falkenried 34G
4 Isemarkt, Isestraße 11
5 Eis & Innig, Klosterallee 102
6 Isebekkanal, Brücke Klosterallee
7 Stories!, Straßenbahnring 17
8 Ujote Espresso, Bismarckstraße 88
9 Generalsviertel
10 Das kleine Grüne, Bismarckstraße 88
11 Holi, Schlankreye 69
Hoheluft 20253/20251/20144

Hoheluft

Hoheluft, unterteilt in Ost und West, lädt wirklich zum Flanieren ein. Zwischen bunten Altbauten und Kanalufern vergessen wir fast, dass wir uns mitten in einer Großstadt befinden. Wir starten unseren Tag mit einem leckeren Bagel vom Lowinsky's (1), vertrödeln dann die Zeit bei Hello Love (2), wo wir nach süßen Geschenken suchen. Durch die grünen Falkenried-Terrassen (3) geht es zu einem unserer Lieblingsorte der Stadt, dem Isemarkt (4), auf dem wir uns dienstags und freitags mit allerlei Leckereien eindecken. Als Belohnung gibt es eine Kugel Salzkaramell von Eis & Innig (5), die wir mit Ausblick auf den Isebekkanal (6) genießen. Bei Stories! (7) stöbern wir in den aufgeräumten Regalen nach einem neuen Lieblingsbuch und gönnen uns danach einen Kaffee bei Ujote Espresso (8), während wir von einer Wohnung in den schönen Altbauhäusern des Generalsviertels (9) träumen. Bis dieser Traum wahr wird, verschönern wir unser Zuhause mit einem wunderhübschen Blumenstrauß von Das kleine Grüne (10). Den Abend verbringen wir dann ganz gemütlich bei einem Film im schönen Kino Holi (11).

Bagels und Kaffee wie in NYC bei Lowinsky's verputzen
🅞 lowinskys_, www.lowinskys.com

Bei Hello Love nach kunterbunten
Kleinigkeiten stöbern
🅞 hellolovehamburg, www.hellolove.de

Durch den Urban Jungle der Falkenried-
Terrassen streifen

Auf dem Isemarkt, Europas längstem
Wochenmarkt, Leckereien ergattern
🅞 isemarkt, www.isemarkt.com

Hausgemachte Eissorten von Eis & Innig schlecken
🅞 eisundinnig, www.eisundinnig.eu

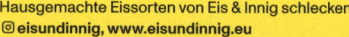

Von der Brücke aus den Wasserverkehr auf dem Isebekkanal beobachten

Das neue Lieblingsbuch in der besonderen Buchhandlung Stories! entdecken
stories_hamburg, www.stories-hamburg.de

Auf einen schnellen Cappuccino bei Ujote Espresso vorbeischauen
ujote.espresso,
www.ujote-espresso.de

Von einer Wohnung im zauberhaften Generalsviertel träumen

Sich wunderhübsche bunte Blumensträuße bei Das kleine Grüne binden lassen
daskleinegruene,
www.daskleinegruene.de

In den roten Samtsesseln des Holi-Kinos versinken
www.cinemaxx.de/kinoprogramm/hamburg-holi

VIERTELCHECK

Viertelcheck
Barmbek

1 Albatros Café, Wagnerstraße 5
2 Bartholomäus-Therme, Bartholomäusstraße 95
3 Schmidtchen Barmbek, Friedrichsberger Straße 66
4 Osterbekkanal
5 Wochenmarkt Wiesendamm, Wiesendamm 3
6 LüttLiv, Maurienstraße 19
7 Zinnschmelze, Maurienstraße 19
8 Museum der Arbeit, Wiesendamm 3
9 Streubar, Steilshooper Straße 41
10 Morgenland, Pestalozzistraße 19
11 Wohnzimmer 305, Fuhlsbüttler Straße 92
Barmbek 22081/22083/22303/22305

Barmbek

Barmbek ist schon lange nicht mehr bloß das Arbeiterviertel, das es einst war. In dem von Klinkerhäusern geprägten Stadtteil gibt es mittlerweile an jeder Ecke etwas Spannendes zu entdecken. So starten wir in unseren Viertelcheck mit einem herrlichen Frühstück im Albatros Café (1), das wir bei einem anschließenden Saunagang in der Bartholomäus-Therme (2) wieder ausschwitzen. Im kleinen Schmidtchen Barmbek (3) holen wir uns danach einen Kaffee auf die Hand und flanieren entlang des Osterbekkanals (4) oder an einem Dienstag oder Freitag über den Wochenmarkt am Wiesendamm (5). Da Spazieren bekanntlich hungrig macht, gönnen wir uns bei gutem Wetter ein Stück Kuchen im Biergarten des LüttLivs (6) – bei Schietwetter machen wir es uns dort drinnen gemütlich. Auch Kultur kommt in Barmbek nicht zu kurz, und so lauschen wir Musik in der Zinnschmelze (7) oder erfahren mehr über die Entwicklung Hamburgs in den letzten 200 Jahren im Museum der Arbeit (8). Falls wir jetzt lieber aufs Sofa wollen, kaufen wir uns alles fürs Abendessen umweltfreundlich im Unverpacktladen Streubar (9); falls nicht, lassen wir uns im Morgenland (10) köstlich bekochen und genehmigen uns danach noch einen Drink im Wohnzimmer 305 (11).

VIERTELCHECK

Sich einen reichlich beladenen Frühstücks-
teller im Albatros Café schmecken lassen
⊙ albatroshamburg, www.albatroscafe.de

In der Bartholomäus-Therme abtauchen und den Alltags-
stress vergessen
⊙ baederland_hamburg, www.baederland.de

Grandioses Gebäck und starken Kaffee vom Schmidtchen
Barmbek genießen
⊙ schmidtundschmidtchen,
www.schmidt-und-schmidtchen.de

Den Osterbekkanal entlangspazieren

Dienstags und freitags an den Ständen vom Wochenmarkt am
Wiesendamm einkaufen

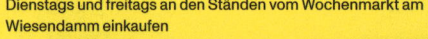

Tanz- und Musikveranstaltungen in der Zinnschmelze erleben
◎ zinnschmelze, **www.zinnschmelze.de**

Im LüttLiv, Barmbeks schönstem Biergarten, vom Kuchen bis zum Drink alles, was das Herz begehrt, verzehren
◎ luettliv, **www.luettliv.de**

Mehr über Hamburg von 1800 bis heute im Museum der Arbeit erfahren
www.shmh.de/de/museum-der-arbeit

Köstliche Pide oder Falafel im Morgenland bestellen
◎ morgenlandrestaurant,
www.morgenland-restaurant.de

Den unverpackten Wocheneinkauf bei Streubar erledigen
◎ streubar_unverpackt, **www.streubar.de**

Sich bei einem Absacker im Wohnzimmer 305 fast wie zu Hause fühlen
◎ wohnzimmer.305, **www.wohnzimmer-305.de**

Viertelcheck
Neustadt

1 Milch, Ditmar-Koel-Straße 22
2 Jan-Fedder-Promenade Landungsbrücken, St. Pauli-Landungsbrücken
3 Flohmarkt Michelwiese, Neustädter Neuer Weg
4 DaoDao, Wexstraße 23
5 Peterstraße
6 Hej Papa, Poolstraße 32
7 Winkel van Sinkel, Kaiser-Wilhelm-Straße 9
8 Secondella, Hohe Bleichen 5
9 Felix Jud, Neuer Wall 13
10 Zum Spätzle, Wexstraße 31
11 Wald, Großneumarkt 45
Neustadt 20459/20359/20355/20354

Neustadt

Vielseitiger geht's nicht: Die Hamburger Neustadt erstreckt sich vom Elbufer über ruhige Wohnstraßen bis hin zu der geschäftigen Einkaufsgegend rund um den Jungfernstieg. Perfekt also für eine spannende Erkundungstour, die wir mit einem Affogato im Milch (1) starten, bevor wir uns in das Gewimmel der Jan-Fedder-Promenade an den Landungsbrücken (2) stürzen. Viermal im Jahr findet auf der Michelwiese ein Flohmarkt (3) statt, den wir gern besuchen. Nach dem ganzen Gefeilsche brauchen wir allerdings dringend eine Stärkung: Bei DaoDao (4) holen wir uns kunterbunte Sommerrollen auf die Hand, die wir unterwegs zwischen den alten Fachwerkhäusern der Peterstraße (5) verdrücken. Für Süßmäuse gibt es im Hej Papa (6) leckeren hausgemachten Kuchen, bevor es auf große Shoppingtour für grüne Pflanzen von Winkel van Sinkel (7), Secondhand-Designermode von Secondella (8) und antike Bücher von Felix Jud (9) geht. Mit vollgestopften Tüten kehren wir schließlich bei Zum Spätzle (10) ein und gönnen uns eine große Portion Käsespätzle mit Schmelzzwiebeln. Danach passt gerade eben noch ein frisch gezapftes Tankbier vom Wald (11) rein, bevor wir nach Hause wanken.

Köstlichen Kaffee und prickelnde Drinks im
Milch trinken
milchfeinkost

Das wuselige Treiben an den Landungsbrücken
beobachten und Elbluft atmen

Kunterbunte vegane Sommerrollen bei DaoDao essen
daodaostreetfood, www.dao-dao.de

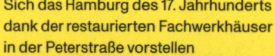

Um die besten Schätze auf dem Flohmarkt auf
der Michelwiese feilschen
www.marktkultur-hamburg.de

Sich das Hamburg des 17. Jahrhunderts
dank der restaurierten Fachwerkhäuser
in der Peterstraße vorstellen

Leckeren Kuchen, köstlichen Mittagstisch und besten Kaffee
im Hej Papa genießen
hej.papa, www.hej-papa.de

Bei Secondella wahre Designerschnäppchen secondhand kaufen
⊙ **secondellahamburg, www.secondella.de**

Alles für Pflanzen-Lover*innen – von Monstera bis Efeutute – bei Winkel van Sinkel finden
⊙ **winkelvansinkel_hh, www.winkelvansinkel.de**

Schwäbische Spezialitäten bei Zum Spätzle verdrücken
⊙ **zumspaetzle, www.zumspaetzle.de**

Frisch gezapftes Tankbier und Schnäpse im Wald bestellen
⊙ **wald_hamburg_**

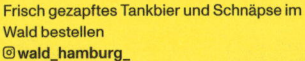

Bei Felix Jud, Antiquariat, Buch- und Kunsthandlung seit 1923, verborgene Schätze entdecken
⊙ **felixjudhamburg, www.felix-jud.de**

Viertelcheck
Ottensen

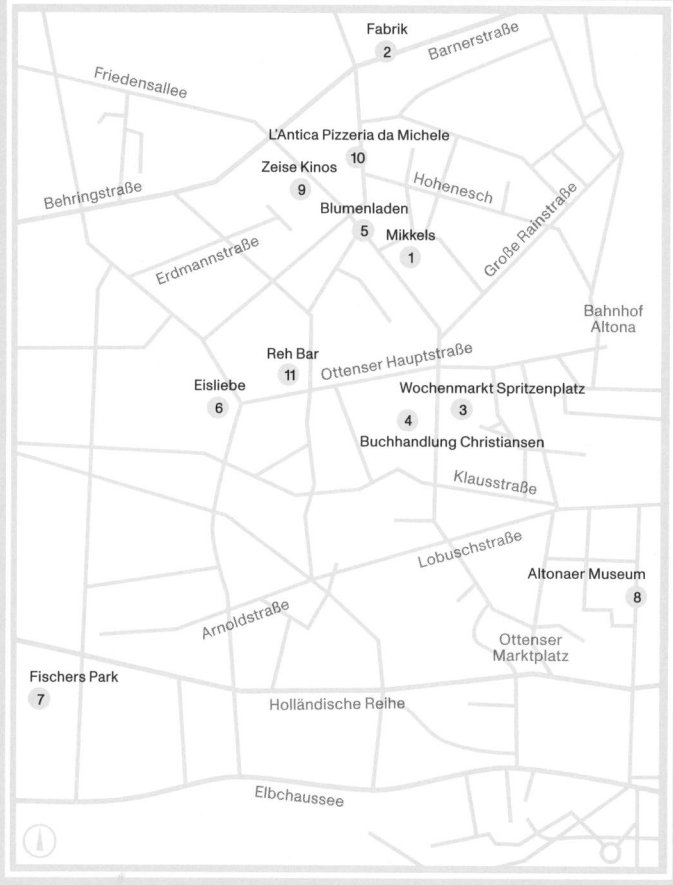

1 Mikkels, Kleine Rainstraße 10
2 Fabrik, Barnerstraße 36
3 Wochenmarkt Spritzenplatz
4 Buchhandlung Christiansen, Bahrenfelder Straße 79
5 Blumenladen, Bahrenfelder Straße 149
6 Eisliebe, Bei der Reitbahn 2
7 Fischers Park, Fischers Allee 24
8 Altonaer Museum, Museumstraße 23
9 Zeise Kinos, Friedensallee 7–9
10 L'Antica Pizzeria da Michele, Bahrenfelder Straße 179–181
11 Reh Bar, Ottenser Hauptstraße 52
Ottensen 22765/22763

Ottensen

Das Dorf in der Stadt: Wer in Ottensen lebt, braucht sein Viertel nicht zu verlassen. Wozu auch? Von tollen Restaurants über süße Lädchen bis hin zum wilden Nachtleben findet sich in dem Stadtteil unweit des Elbufers alles, was man für ein schönes Leben braucht. Gut in den Tag starten wir mit Scones zum Frühstück im winzigen Mikkels (1), bevor wir in der Fabrik (2) vorbeischauen. Hier finden neben Konzerten auch regelmäßig Floh- oder Foodmärkte statt. Auf dem Wochenmarkt am Spritzenplatz (3) decken wir uns dienstags, mittwochs, freitags und samstags mit frischem Obst aus dem Alten Land oder bestem Käse ein. Die Buchhandlung Christiansen (4) versorgt uns mit neuem Lesestoff, während es beim Blumenladen (5) die schönsten und günstigsten Blumen gibt – zumindest wenn wir schnell genug sind, denn die blühende Ware ist heiß begehrt. Kalte Leckereien gibt's bei der Eisliebe (6), wo wir Spaghettieis oder Eiskugeln mit Schokoguss bestellen, die wir anschließend im Fischers Park (7) genießen. Wer mehr über Altona und Norddeutschland erfahren will, stattet dem Altonaer Museum (8) einen Besuch ab. Das leckerste Popcorn des Viertels gibt es in den Zeise Kinos (9), die fluffigste Pizza bei der L'Antica Pizzeria da Michele (10) – hier am besten mit doppelt Mozzarella bestellen. Zum Abschluss schlagen wir uns in der Reh Bar (11) mit Caipis zur Happy Hour oder mit tablettweise Tarifa (Licor 43 mit Espresso) die Nacht um die Ohren.

Scones mit Mascarpone oder ein deftiges Käsefrühstück
im Mikkels verputzen
cafe_mikkels, www.mikkels.de

Aufs Rockkonzert oder zum Stöbern auf dem Flohmarkt
in die Fabrik gehen
www.fabrik.de

In Hamburgs ältestem Buchladen in
Familienbesitz, der Buchhandlung
Christiansen, stöbern
buchhandlungchristiansen,
www.buchhandlung-christiansen.de

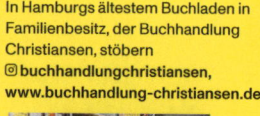

Äpfel aus dem Alten Land oder hausgemachte Frikadellen auf dem
Wochenmarkt am Spritzenplatz kaufen

Ein kleines Spaghettieis bei Eisliebe bestellen
eisliebe_ottensen

Im Blumenladen ohne Namen und
Logo die schönsten und billigsten
Blumen erstehen

Im Fischers Park, einer grünen Oase inmitten des Stadttrubels, entspannen

Spannende Einblicke in die Kunst- und Kulturgeschichte Norddeutschlands im Altonaer Museum bekommen
www.shmh.de/altonaer-museum

Alles abseits von Blockbustern in den gemütlichen Zeise Kinos schauen
 zeisekinos, **www.zeise.de**

Pizza straight outta Neapel in der L'Antica Pizzeria da Michele verschlingen
 damichele_hamburg, **www.damichele-hamburg.de**

Mit einem Bierchen oder Caipi auf der Straße vor der Reh Bar rumlungern
 reh.bar

Viertelcheck
Wilhelmsburg

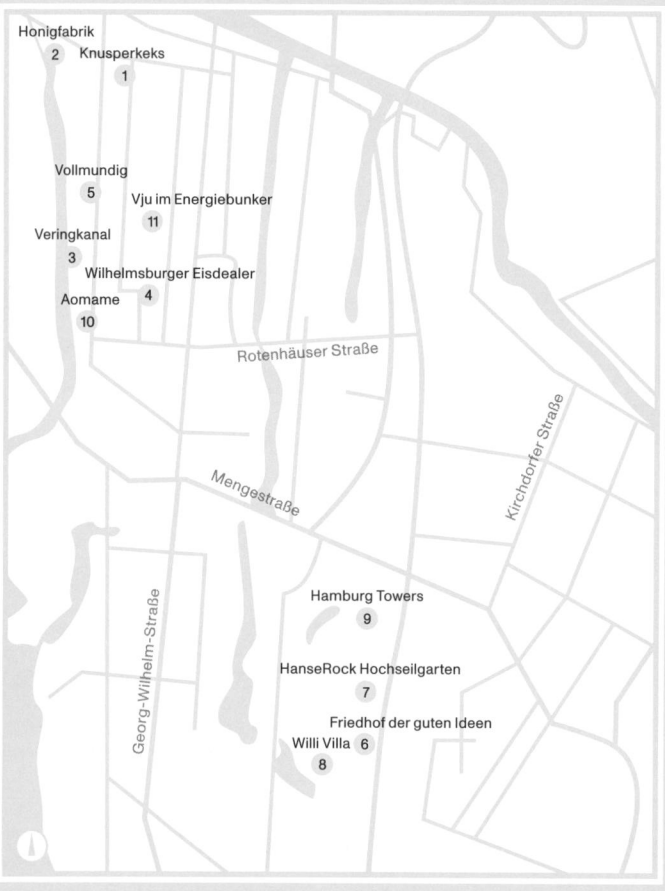

1 Knusperkeks, Veringstraße 30
2 Honigfabrik, Industriestraße 125–131
3 Veringkanal
4 Wilhelmsburger Eisdealer, Weimarer Straße 85
5 Vollmundig, Veringstraße 97
6 Friedhof der guten Ideen, Wilhelmsburger Inselpark
7 HanseRock Hochseilgarten, Am Inselpark 22
8 Willi Villa, Hauland 81
9 Hamburg Towers, Kurt-Emmerich-Platz 10–12
10 Aomame, Veringstraße 155
11 Vju im Energiebunker, Neuhöfer Straße 7
Wilhelmsburg 21107/21109

Wilhelmsburg

„Da im Süden von der Elbe, da ist das Leben nicht dasselbe", rappte einst Jan Delay. So ein Quatsch! Wilhelmsburg beweist, dass auch in Hamburgs Süden einiges geht. Zum Beispiel bekommen wir hier allerbestes Frühstück bei Knusperkeks (1) oder fantastische Kulturevents in der Honigfabrik (2), die wunderschön am Veringkanal (3) liegt, auf dem man Hausboote bestaunen kann. Leckere hausgemachte Eissorten wie Omas Kuchenteig schlecken wir beim Wilhelmsburger Eisdealer (4), und den vielleicht besten Cheesecake der Stadt finden wir bei Vollmundig (5). Ein Besuch im Wilhelmsburger Inselpark lohnt sich gleich mehrfach: Hier findet sich zum Beispiel der Friedhof der guten Ideen (6), auf dem aufgegebene Geistesblitze begraben liegen, im HanseRock Hochseilgarten (7) entdecken wir den Stadtteil von oben und bei Willi Villa (8) leihen wir uns nicht nur Kanus aus und paddeln über die Kanäle, sondern genießen auch ein Feierabendbier zum Sonnenuntergang. Auch die Basketballmannschaft Hamburg Towers (9) ist auf der Elbinsel zu Hause und kann in ihrer Arena am Kurt-Emmerich-Platz angefeuert werden. Als Stärkung gibt es dann wunderbar würzige Ramen oder freshe Poké Bowls bei Aomame (10). Den schönsten Blick finden wir im Vju im Energiebunker (11), wo wir aus 30 Metern Höhe über ganz Hamburg blicken.

Frühstück im Tapas-Style im Knusperkeks bestellen
Ⓘ knusperkekskaffee

Spannende Kulturevents in der
Honigfabrik besuchen
Ⓘ honig.fabrik, www.jim.honigfabrik.de

Am Veringkanal entlangspazieren und
Hausbooten bestaunen

Das beste Eis auf der Elbinsel beim
Wilhelmsburger Eisdealer schlecken
Ⓘ wilhelmsburger_eisdealer,
www.wilhelmsburger-eisdealer.de

Franzbrötchen oder Banana Split Cheesecake bei
Vollmundig verdrücken
Ⓘ vollmundig.cheese, www.vollmundig-cheese.de

Im HanseRock Hochseilgarten im Wilhelmsburger Inselpark hoch hinaus klettern
hanserock_hochseilgarten, www.hanserock.de

Die letzte Ruhestätte für geniale Gedanken, den Friedhof der guten Ideen, besuchen

Sich im Biergarten Willi Villa Kanus ausleihen oder sich einen Sundowner mit Blick auf den Kanal gönnen
willi_villa_hamburg, www.willivilla.de

Die Hamburg Towers beim Dribbeln und Körbewerfen anfeuern
hamburgtowers, www.hamburgtowers.de

Sich bei Aomame eine herrlich duftende Ramen-Suppe oder an heißen Tagen eine erfrischende Poké Bowl gönnen
aomame.ramen, www.aomame-ramen.de

Einen grandiosen Blick über die Stadt bei leckerem Kaffee und Kuchen im Vju im Energiebunker genießen
vju_im_energiebunker, www.vju-hamburg.de

VIERTELCHECK

Ausflug

AUSFLUG

Wir wollen Meer

Mit das Schönste an Hamburg? Die Nähe zum Meer. Nicht nur, dass uns zu allen Jahreszeiten ein frischer, salziger Wind um die Nase weht, wir können auch jederzeit ins Auto oder in die Bahn hüpfen und direkt an die See fahren.

Wer es wilder, stürmischer und weitläufiger mag, fährt am liebsten an die Nordsee. Am Wattenmeer können wir einsame Strandspaziergänge mit feinem Sand unter den Füßen machen und dabei die ein oder andere Robbe entdecken. Für ausgiebigen Badespaß geht es an die etwas ruhigere Ostseeküste.

Die Ziele in diesem Kapitel lassen sich alle in ein bis zwei Stunden von Hamburg aus erreichen und lohnen sich immer für eine Flucht ans Wasser.

A–Z
1 Brodtener Steilküste
2 Friedrichskoog-Spitze
3 Heiligenhafen
4 Helgoland
5 Leuchtturm Westerheversand
6 Sierksdorf
7 St. Peter-Ording
8 Strandbad Brasilien
9 Sylt
10 Travemünde Strand
11 Wildstrand Rettin

AUSFLUG

Brodtener Steilküste

Steile Aussichten

Lübeck

Brodtener Straße, 23570 Lübeck

Wilde Natur, steile Abhänge und leckere Fischbrötchen: All das vereint ein Ausflug an die Brodtener Steilküste. Hier könnt ihr entweder entlang des Strands oder über den Weg an der Steilküste spazieren. Einen fantastischen Blick auf die Ostsee habt ihr von überall.

An warmen Tagen könnt ihr euch natürlich auch im Meer abkühlen. Außerdem solltet ihr auf jeden Fall die fantastischen Fischbrötchen vom Lieblingsplatz auschecken – ein Gaumenschmaus!

Friedrichskoog-Spitze

Auf Wattwurmsuche auf der Halbinsel

Dithmarschen
Strandweg, 25718 Friedrichskoog

Friedrichskoog liegt auf einer Nordseehalbinsel in Dithmarschen –
ist also von Wasser umgeben. Die beiden Highlights des Orts sind
die Seehundauffangstation und das Wattenmeer vor der Friedrichskoog-Spitze. Hier könnt ihr Wattwürmer und Muscheln entdecken
und eure Füße vom gewellten Sand massieren lassen. Ein Ausflug,
der sich besonders auch mit den Kleinsten lohnt.

AUSFLUG

Heiligenhafen

Nix da Rentnerparadies

Ostholstein

23774 Heiligenhafen

Heiligenhafen ist was für alte Leute? So ein Quatsch! Schön ist es hier, und ihr könnt wunderbar am Strand herumliegen, kitesurfen oder im Strandkorb lümmeln. So richtig viel los ist nicht – anders als auf Sylt. Aber das ist auch gut so!

Wer gern ohne Rentnerklischees unterwegs ist und etwas essen möchte, der besucht die schnieke, urgemütliche Bretterbude und genehmigt sich zu Fish and Chips ein frisch gezapftes Bier.

Helgoland

Die wilde Hochseeinsel erkunden

Pinneberg
27498 Helgoland

Allein die Anfahrt ist der Wahnsinn: Von Hamburg aus donnert ihr mit dem Katamaran 70 Kilometer weit hinaus über das offene Meer, bis sich da ganz plötzlich eine Insel aus den Wellen erhebt.

Bereits beim Anlegen am Hafen von Helgoland begrüßt euch die erste Sehenswürdigkeit: die bunten Hummerbuden. Die maritime Meile lädt zum Bummeln und Verweilen ein. Ein besonderes Highlight der Insel ist außerdem, dass sie zu den autofreien Nordseeinseln gehört – selbst Fahrradfahren ist auf Helgoland verboten.

AUSFLUG

Leuchtturm Westerheversand

Einmal bitte Leuchtturm Rot-Weiß

Nordfriesland
25881 Westerhever

Er ist DAS Postkartenmotiv der Nordsee: der Leuchtturm Westerheversand. Der idyllisch auf einer Warft vor dem Ort Westerhever
gelegene rot-weiß gestreifte Turm ist nicht nur das Wahrzeichen
der Region, sondern auch ein fantastisches Fotomotiv. Er steht etwa
1.000 Meter vor dem Außendeich inmitten von Salzwiesen und lässt
sich nur mit dem Rad oder zu Fuß erkunden. Es gibt übrigens auch
geführte Touren!

Sierksdorf

Sonnenbaden ohne Touris

Ostholstein
23730 Sierksdorf

Während Urlauber*innen am Hauptstrand dicht an dicht in Strandkör-
ben liegen, bietet die wilde Küste im Norden von Sierksdorf abseits der
gewohnten Wege viel Ruhe. Um zum Steilufer zu gelangen, parkt man
am Hansa-Park und spaziert auf einer Schotterpiste durch die blühende Heidelandschaft, bis nur noch ein kleiner Wall das Meer begrenzt.
Wer es bis hierher schafft, wird mit einem einsamen, felsigen Ufer und
einem atemberaubenden Blick über die Bucht belohnt.

AUSFLUG

St. Peter-Ording

Frischluft tanken am breitesten Strand Deutschlands

Nordfriesland
25826 St. Peter-Ording

Mehr als zehn Kilometer lang erstreckt sich der Strand von St. Peter-Ording entlang der Nordseeküste. Hinter Dünen, Salzwiesen und Kiefernwäldern erreicht man den fast 400 Meter breiten, feinen Sandstreifen und wird angesichts der endlosen Weite des Meers von einem besonderen Freiheitsgefühl erfüllt. Es gilt: Staunen, durchatmen und sich mit Anlauf in die sanften Wellen stürzen.

Wer lieber spazieren geht, kann dabei die Kitesurfer*innen beobachten und schließlich in den bis zu sieben Meter hohen Pfahlbauten einkehren, die Restaurants beherbergen.

Strandbad Brasilien

Chillen wie an der Copacabana

Plön
24217 Schönberg

An der Ostseeküste liegt ein Strandabschnitt mit dem verlockenden
Namen Brasilien. Und wer hier über den niedrigen Deich läuft, der wird
tatsächlich mit strahlend weißem Sand und türkisem Wasser belohnt.
Wenn das norddeutsche Wetter mitspielt, der Wind abflaut und die
Sonne vom Himmel ballert, dann habt ihr an diesem schönen Strand
wirklich das Gefühl ganz, ganz weit weg zu sein. Fehlt nur ein frischer
Caipirinha, aber wofür gibt es Kühltaschen?

Sylt

Nicht nur was für Rich Kids
und Hummerfans

Nordfriesland
25980 Sylt

Bekannt ist Sylt aus der Klatschpresse und durch Aufkleber auf teuren Autos. Viele hegen Vorurteile gegen die selbst ernannte Insel der Schönen und Reichen, aber Sylt ist eine Reise absolut wert. Steigt man aus dem Zug und steht inmitten der hübschen Einkaufszone, heißt es: Hallöchen Urlaubsfeeling! Feinen Sandstrand und Wellen erreicht ihr von jedem Fleckchen der Insel aus. Und die kühle Meeresluft, die euch hier um die Nase weht, während euch die Sonne ins Gesicht scheint, ist unbezahlbar – oder eher: kostenlos!

Tipp
Auf dem Weg nach Kampen gibt es eine besonders lustige Busansage, sobald ihr in das Viertelchen reinfahrt – aber die hört ihr euch am besten selbst an!

AUSFLUG

Travemünde Strand

Baywatch spielen an der Ostseeküste

Lübeck

Strandpromenade, 23570 Lübeck

Mit dem Auto dauert es nicht mal eine Stunde, mit dem Zug braucht ihr knapp anderthalb Stunden von Hamburg bis zum Strand in Travemünde. Der Kurstrand von Lübeck liegt direkt an der breiten Strandpromenade, wo die Trave in die Ostsee mündet. Ihr dürft euch auf einen breiten Sandstrand freuen, auf dem ihr nicht nur die Sonne genießen, sondern auch sportlich aktiv sein könnt – von Yogasessions bis Beachvolleyball ist hier fast immer etwas los.

Wildstrand Rettin

Wilde Wellen und pure Erholung

Ostholstein
Strandweg, 23730 Neustadt in Holstein

Wildstrand! Allein das Wort löst doch Glücksgefühle aus, oder? In der Nähe des Ostseebads Grömitz findet ihr einen Naturstrand, der relativ einsam ist und über tolle Buchten verfügt. Durch die Felsen im Wasser gibt es sogar ein bisschen Wellenaction. Und direkt nebenan ist ein Campingplatz, wo ihr Pizza und Pommes bekommt, falls ihr es doch nicht ganz so wild mögt. Oder ihr fahrt nach einem Strandnachmittag gleich nach Grömitz, um über die Seebrücke zu flanieren, Fischbrötchen zu essen und einen Sundowner zu stürzen.

AUSFLUG

Pack die Zahnbürste ein

Klar, wir lieben den Großstadttrubel. Aber ab und an gehen uns der ständige Verkehrslärm und die Menschenmassen dann doch auf die Nerven und wir sehnen uns nach einer Dosis Natur, Weite und Ruhe. Null problemo, denn rund um Hamburg finden sich glücklicherweise superschöne Landschaften – von der blühenden Heide bis zu den rauen Meeresküsten.

Und überall im Grünen laden kleine Boutiquehotels, Ferienhäuser und sogar ein Baumhaus dazu ein, für ein Wochenende durchzuatmen und neue Energie zu tanken. Für einen der vorgestellten Spots müsst ihr die Stadtgrenzen nicht einmal verlassen!

A–Z
1   Baumhaus Mützingenta
2   Bokel-Mühle am See
3   Bretterbude Heiligenhafen
4   Glück in Sicht Ostseelodges
5   Green Tiny House
6   Hausboot Peissnitz
7   Huus Uelvesbüll
8   Im Jaich Wasserferienwelt
9   Stimbekhof
10 Strandhotel Küstenperle
11 Wyn Strandhotel

AUSFLUG

Baumhaus Mützingenta

Im Badezuber unter freiem Himmel Sterne gucken

Lüchow-Dannenberg
Alte Ziegelei 10, 29499 Mützingen

Mitten in der Natur zwischen rauschenden Bäumen übernachten – das könnt ihr im Baumhaus Mützingenta. Nach dem Erklimmen der Treppe checkt ihr in das urgemütliche Häuschen ein, in dem bis zu vier Personen übernachten können und in dem es wirklich an nichts fehlt. Nachts ist es hier so dunkel, dass ihr Tausende Sterne entdecken könnt. Am besten geht das vom Badezuber auf der Terrasse aus, der ganz old-school mit Feuer beheizt wird, ein natürlicher Jacuzzi sozusagen.

@ muetzingenta
www.muetzingenta.de

Bokel-Mühle am See

Schwäne beobachten und
in der Badewanne rumlümmeln

Pinneberg
Neel-Greve-Straße 2, 25364 Bokel

Nicht einmal eine Stunde Fahrt liegen zwischen euch und diesem Idyll am See. Im ländlichen Kreis Pinneberg findet sich zwischen Wiesen und Feldern die Bokel-Mühle, ein wunderschönes Hotel, das in einer alten Mühle beheimatet ist. Viele der Zimmer sind mit frei stehenden Badewannen ausgestattet, und ihr könnt auch ganz romantisch direkt am See sitzen, Schwäne beobachten und im hauseigenen Restaurant lecker essen.

◎ bokelmuehle

www.bokelmuehle.de

Tipp

Bucht unbedingt das Zimmer mit eigener Sauna – Entspannung pur!

AUSFLUG

Bretterbude Heiligenhafen

Die coolste Bude am Strand

Ostholstein
Seebrückenpromenade 4, 23774 Heiligenhafen

Heiligenhafen galt lange als Paradies für Rentner*innen – von Coolness war hier keine Spur. Glücklicherweise hat sich das in den letzten Jahren geändert. Mitverantwortlich für diesen Wandel ist die Bretterbude. Das schöne Hotel aus Holz liegt direkt am Strand und bietet nicht nur direkten Badezugang, sondern ist auch bei miesem Wetter eine tolle Wahl. Denn neben Sauna und Dampfbad gibt es auch eine Indoor-Skaterampe für Trickkünstler*innen, eine lässige Bar und es finden regelmäßig Konzerte und andere Gigs statt.

@ bretterbude_heiligenhafen
www.bretterbude-hhf.de

Glück in Sicht Ostseelodges

Ganz nah am Glück und an Dänemark

Schleswig-Flensburg
Schwennaustraße 37, 24960 Glücksburg (Ostsee)

In einem malerischen Park direkt an der Flensburger Förde liegen
26 luxuriöse und lichtdurchflutete Lodges. In den kleineren Lodges
kann man es sich zu zweit gemütlich machen; in den größeren finden
auch die Kids Platz. Kinderfreundlich ist die weitläufige Anlage sowie-
so: Es gibt einen Spielplatz und einen Grillverleih zum abendlichen
Würstchengrillen. Wer lieber bekocht wird, geht ins dazugehörige
Glückselig Strandrestaurant, unterteilt in ein Deli und ein À-la-carte-
Restaurant, mit einer großen Außenterrasse als Chill-out-Area.

☺ glueck_in_sicht
www.glueck-in-sicht.de

AUSFLUG

267

Green Tiny House

Ein kleines Haus für große Entspannung

Herzogtum Lauenburg
Naturcampingplatz Salemer See, Seestraße 60, 23911 Salem

Wer sich ein paar Tage in die Natur zurückziehen will, ist im Green Tiny House im Herzogtum Lauenburg genau richtig. Das Minihäuschen befindet sich an einem grünen Hang eines hübschen Naturcampingplatzes und bietet einen direkten Blick auf den Salemer See.

Der gesamte Aufenthalt im Green Tiny House fühlt sich selbst bei geschlossener Tür wie ein endloser Draußenmoment an. Und grün ist nicht nur die Umgebung, auch beim Bau und bei der Ausstattung der Unterkunft wurde auf Nachhaltigkeit geachtet.

the_green_tiny_house
www.camping-salem.de/green-tiny-house

Hausboot Peissnitz

Für ein paar Nächte zur Kanalratte werden

Hamburg
Uferstraße 8A, 22081 Hamburg

Für diese Unterkunft müsst ihr die Stadt nicht einmal verlassen und
seid trotzdem mitten in der Natur. Genauer gesagt: Mitten auf dem
Wasser! Auf dem Eilbekkanal liegt das Hausboot Peissnitz wie eine
kleine Oase in der Stadt. Unter Deck könnt ihr es euch ebenso gemütlich machen wie auf der riesigen Sonnenterrasse. Das Coolste: Es gibt
ein hauseigenes Kanu und ein Tretboot, mit denen ihr die Alsterkanäle
erkunden könnt. Ahoi, ihr Landratten!

www.boediker.de

AUSFLUG

Huus Uelvesbüll

Zwischen Schafherden direkt am Deich nächtigen

Nordfriesland
Barneckermoor 9, 25889 Uelvesbüll

Inmitten der weiten Marschlandschaft Schleswig-Holsteins steht ein Backsteinhaus ganz allein zwischen Schafweiden – die perfekte Location, um so richtig abzuschalten. Im Huus Uelvesbüll stimmt einfach alles: von der skandinavischen Einrichtung über die traumhafte Küche (die übrigens auch top ausgestattet ist) bis hin zum Saunabereich, den ultragemütlichen Betten, dem alten Kachelofen und den Luxusbadezimmern. Hier findet ihr Entspannung pur nach einem stürmischen Tag am Meer.

@ huus.uelvesbuell
www.huus-uelvesbuell.de

Im Jaich Wasserferienwelt

In schwimmenden Ferienhäusern schlummern

Vorpommern-Rügen
Am Yachthafen 1, 18581 Putbus

Einschlafen mit dem sanften Wogen der Wellen und aufwachen mit dem Sonnenaufgang über dem Meer: Näher ans Wasser als in der Wasserferienwelt Im Jaich kommt ihr nicht. Vom hauseigenen Steg könnt ihr direkt ins Wasser springen oder einfach den ganzen Tag in eurer schwimmenden Unterkunft chillen.

Seefest solltet ihr sein: Wenn sich die Ostsee von ihrer stürmischen Seite zeigt, wird es wackelig. Das lohnt sich aber, denn dafür könnt ihr manchmal sogar eine Robbe oder einen Fischotter vor der Tür entdecken.

im_jaich_wasserwelten
www.im-jaich.de/urlaub

AUSFLUG

Stimbekhof

Afternoon Tea und urige Gemütlichkeit in der Heide

Heidekreis
Oberhaverbeck 2, 29646 Bispingen

Mitten in der Lüneburger Heide steht ein alter Hof, der liebevoll renoviert wurde und jetzt süße, wahnsinnig gemütliche Zimmer beherbergt. Der Stimbekhof erstreckt sich über ein großes Areal, das von der Heidelandschaft, Wäldern und Pferdekoppeln umgeben ist.

Neben tollem Frühstück und rustikalem Abendbrot bietet der Hof auch einen speziellen Heide-Afternoon-Tea mit Spezialitäten aus der Region. Danach geht es mit einem Glas Wein vor den prasselnden Kamin – und aller Stress ist wie weggeweht.

◎ stimbekhof
www.stimbekhof.de

AUSFLUG

Strandhotel Küstenperle

Urlauben mit Blick auf die Lagune

Dithmarschen
Dithmarscher Straße 39, 25761 Büsum

Zum Urlaub einchecken und den Alltag auschecken: Das Strandhotel Küstenperle liegt in Büsum direkt an der grünen Familienlagune und bietet nicht nur einen spitzenmäßigen Blick aufs Wasser, sondern auch Entspannung pur.

Im hauseigenen Spa könnt ihr im Schwimmbecken eure Bahnen ziehen, euch durchkneten lassen oder in der Sauna schwitzen. Danach geht es an die Bar auf einen Absacker und ihr versinkt anschließend in euren weichen Betten. Herr-lich-keit!

🔲 kuestenperle
www.hotel-kuestenperle.de
Tipp
Noch mehr schöne Übernachtungsmöglichkeiten findet ihr übrigens beim Reisevergnügen!

Wyn Strandhotel

Sylt mit dem Sonnengruß begrüßen

Nordfriesland
Brandenburger Straße 13, 25980 Sylt

Ab auf Deutschlands ikonischste Insel in eines der schönsten Hotels vor Ort: das Wyn Strandhotel direkt in Westerland. Es bietet alles, was wir für einen Traumurlaub brauchen: direkte Nähe zum Meer, einen tollen Spabereich, Leihfahrräder, um die Insel zu erkunden, stylische Zimmer, Aperol Spritz im Strandkorb und ein Yogastudio mit Blick auf die Nordsee. Klingt nach Gönnung und fühlt sich auch so an!

⊙ wyn.strandhotel
www.wyn-sylt.de

Tipp

Sylt erreicht ihr von Hamburg aus übrigens super mit dem Zug!

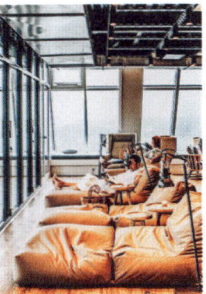

AUSFLUG

Wir haben hier oben im Norden vielleicht keine beeindruckenden Berge oder jahrhundertealte Burgen – und doch hat unsere Heimat etwas ganz Eigenes und Verzauberndes an sich. Im platten Land lassen sich wundersüße kleine Städtchen entdecken, weitläufige Naturschutzgebiete erkunden und fantastische Aussichten genießen.

Im Echten Norden trefft ihr auf Schafe, knorrige Apfelbäume, sanfte Deichlandschaften und knallig blühende Heidepflanzen. Und natürlich überall auf Wasser. Also schwingt euch aufs Rad und erkundet das Hamburger Umland!

AUSFLUG

Altes Land

Kistenweise Äpfel pflücken

Stade
Westerjork 81, 21635 Jork

Das Alte Land ist eigentlich zu jeder Jahreszeit einen Besuch wert.
Besonders lohnt es sich jedoch zur Apfelernte, wenn die Bäume nur
so vor roten und gelben Früchten leuchten. Die frische Brise bläst
den Kopf frei und ein Stück Apfelkuchen im Café des Obstparadies
Schuback ist wie der Himmel auf Erden. Am besten entdeckt ihr das
Gebiet südlich der Elbe mit dem Rad, denn es gibt hier fantastische
Radwege, die von Hof zu Hof führen.

Boberger Dünen

Dünen direkt vor der Haustür

Lohbrügge
Boberger Furt 50, 21033 Hamburg

Ihr müsst nicht ans Meer fahren, um Sandberge zu finden! Die
Boberger Dünen sind die letzten Wanderdünen Hamburgs und
eignen sich wunderbar für einen kleinen, sandigen Wanderausflug.
Für die sieben Kilometer durch die Dünenlandschaft braucht man
etwa anderthalb Stunden, und die Route führt vorbei an einem
Segelflugplatz und an einem Badesee, an dem man sich im Sommer
mit einem Sprung ins kühle Nass belohnen kann.

AUSFLUG

Fischbeker Heide

Teekränzchen im Naturschutzgebiet

Neugraben-Fischbek
Fischbektal, 21149 Hamburg

Wenn ihr in die Heide fahren wollt, müsst ihr dafür nicht einmal das Hamburger Stadtgebiet verlassen. Nicht nur in Lüneburg blüht im Spätsommer die Besenheide, sondern auch in der Fischbeker Heide am südwestlichen Zipfel Hamburgs. Das Gebiet ist riesig und eignet sich bestens für einen Ausflug am Wochenende. Sollte es schon etwas kühler sein, packt ihr euch einfach eine große Thermoskanne mit Tee ein. Achtung: Da es sich um ein Naturschutzgebiet handelt, dürfen hier keine Pilze gesammelt werden, so verlockend es auch sein mag.

Haseldorfer Marsch

Schafe jagen auf den Deichen

Pinneberg

Hafenstraße, 25489 Haseldorf

Raus aus der Stadt, rein ins grüne Land der weiten Horizonte. Schnappt
euch euer Fahrrad und erkundet die Haseldorfer Marsch. Vom Startpunkt Wedel aus saust ihr auf dem kilometerlangen Deich mit der Brise
im Haar über Hetlingen bis nach Haseldorf und könnt dabei den vielen
Schafen freundlich zunicken. Verfahren könnt ihr euch nicht, denn die
Devise lautet: Immer der Elbe nach. Zu einem Zwischenstopp lädt das
Bauerncafé Fährmannssand, wo ihr euch ein Spiegelei mit Bratkartoffeln gönnen solltet.

AUSFLUG

Husum

Gemütlich bummeln am kunterbunten Hafen

Nordfriesland
25813 Husum

Das kleine Örtchen Husum ist für uns der Inbegriff einer norddeutschen Kleinstadt und unbedingt einen Besuch wert. In der niedlichen kleinen Innenstadt findet ihr gemütliche Cafés mit hausgemachten Torten, am kleinen Hafen könnt ihr bunt bemalte Fischkutter bestaunen. Oder ihr spaziert durch den Garten des Husumer Schlosses. Übrigens findet in der Weihnachtszeit in Husum einer der wohl schönsten Weihnachtsmärkte des Nordens statt!

Jork

Ein idyllisches Städtchen zwischen Apfelbäumen

Stade
21635 Jork

Weit weg ist Jork nicht: Mit der S3 fahrt ihr vom Hauptbahnhof bis
Buxtehude, mit dem Anschlussbus erreicht ihr dieses verschlafene,
aber wunderschöne Idyll an der Elbe.

Jork ist Teil des Alten Landes und somit umringt von Obstanbau
gebieten. Nördlich des Orts fließt die Elbe, an der ihr kilometerweit
über den Deich flanieren könnt. Das Örtchen selbst hat einen ver-
wunschenen Stadtkern voller kleiner Lädchen und Cafés.

AUSFLUG

Lüneburg

Rote Rosen statt tote Hose
südlich der Elbe

Lüneburg

Enge und idyllische Altstadtgässchen durchstreifen, Fachwerkhäuser bestaunen und durch viele süße Lädchen stöbern – das könnt
ihr in Lüneburg. Kein Wunder, dass in dem Städtchen die kitschige
ARD-Sendung *Rote Rosen* spielt – die Kulisse ist einfach zu schön.
Trotz des Kitschs finden sich hier auch coole Cafés wie das Blaenk,
das die moderne Seite Lüneburgs zeigt.

www.lueneburg.info

AUSFLUG

Lüneburger Heide

Ein Traum in Lila

Heidekreis
Lüneburger Heide

Sanfte Hügellandschaften, blühende Heideflächen und überall Schafe: Die Lüneburger Heide ist ein beliebtes Ausflugsziel und gleichzeitig Heimat vieler Pflanzen und Tiere. Besonders zur Heideblüte im Spätsommer solltet ihr euch mit dem Fahrrad oder zu Fuß auf den Weg durch die Lüneburger Heide machen, dann blüht hier, so weit das Auge reicht, alles in Lila – ein absolut einmaliges Spektakel!

www.lueneburger-heide.de

Niebüll

Die letzte Station vor Sylt

Nordfriesland
25899 Niebüll

Wer schon ein paarmal nach Sylt gefahren ist, der hat wahrscheinlich auch schon von dem wunderbaren kleinen Örtchen Niebüll gehört. Die letzte Station, die Urlauber*innen auf ihrem Weg nach Sylt passieren, ist auf jeden Fall einen Besuch wert.

Die kleine Altstadt lädt zum Bummeln ein und in der entzückenden Stadtbücherei könnt ihr euch Lesestoff für euren Besuch an einem der umliegenden Strände ausleihen. Oder ihr schwingt euch aufs Fahrrad und erkundet die umliegenden Weiten der Natur.

www.niebuell.de

AUSFLUG

Schloss Glücksburg

Wo einst der dänische König hauste

Schleswig-Flensburg
24960 Glücksburg (Ostsee)

Glücksburg ist besonders bekannt für sein gleichnamiges Schloss. Hier könnt ihr euch wie ein*e Herzog*in fühlen, durch die Gärten wandeln und die alten Räumlichkeiten besuchen. Die Ursprünge des Wasserschlosses, das zu den bedeutendsten Renaissanceschlössern Nordeuropas zählt, reichen bis ins 12. Jahrhundert zurück. Wem das genug Geschichte war, der fährt weiter an die Ostseeküste und stürzt sich ins kühle Nass.

Stade

Zwischen Fachwerkhäusern und Fleeten flanieren

Stade

Stade liegt auf der niedersächsischen Elbseite, unweit des Alten Landes. Über 1.000 Jahre ist die Stadt alt, 994 wurde sie zum ersten Mal schriftlich erwähnt. In der Innenstadt reihen sich sanierte Fachwerkhäuser direkt am Wasser aneinander – und sehen einfach nur wunderschön aus, anders kann man es nicht sagen. Stade hat aber natürlich noch mehr zu bieten als eine hübsche Altstadt, etwa Fleetkahnfahrten, das Museum Schwedenspeicher oder die Kirche St. Cosmae-Nicolai.

www.stade.de

AUSFLUG

Mit den kleinsten Familienmitgliedern einen Ausflug zu machen ist ja meist besonders spaßig. Kinderaugen sehen häufig mehr als die von uns Erwachsenen, und so könnt ihr von den Lütten profitieren, wenn sie die einzig verbliebene Erdbeere inmitten leer geernteter Pflänzchen finden. Oder den Fuchs im Wildpark zwischen all den Büschen entdecken.

Natürlich darf es dabei auch mal sportlich zugehen, hoch hinaus in die Baumwipfel oder in den Wilden Westen führen. Richtige Abenteuer eben! So fallen die Kids am Abend garantiert todmüde ins Bett und ihr wisst: Das war ein Tag, an an den sich die Kleinen (und ihr!) noch lange erinnern werden.

A–Z

AUSFLUG

Alpakahof Wiedwisch

Mit Carl und seinen Alpaka-Kumpels auf Wanderung gehen

Pinneberg
Waldweg 51, 25495 Kummerfeld

Vor den Toren Hamburgs findet ihr den Hof Wiedwisch, auf dem fellige
und unglaublich süße Alpakas leben. Hier könnt ihr nach Terminverein-
barung mit den Tieren wandern gehen, Kindergeburtstage feiern oder
euch von den Bauernhofpädagog*innen Carl und Dörte die natürlichen
Abläufe auf dem Hof und in der Natur erklären lassen. Das klingt doch
nach einem perfekten Ausflug für ein flauschig-schönes Wochenende!

hofwiedwisch
www.hof-wiedwisch.de

Die Eselei

Ein flauschiger Spaziergang mit Langohren

Bergedorf
Brookdeich 288, 21029 Hamburg

Ihr sehnt euch nach Ruhe und Gelassenheit? Dann solltet ihr einen Ausflug nach Bergedorf zur Eselei in Betracht ziehen. Für Groß und Klein ist das Wandern mit Eseln eine willkommene Entschleunigung im meist doch sehr stressigen Alltag.

Ob ihr euch nun für einen kleineren oder größeren Spaziergang, eine Wanderung oder eine Trekkingtour entscheidet: Der Umgang mit den Tieren ist immer sehr achtsam und wertschätzend, und die Wanderungen finden ganzjährig statt.

www.die-eselei.de

AUSFLUG

Hansa-Park

Mit Nessie Loopings drehen

Ostholstein
Am Fahrenkrog 1, 23730 Sierksdorf

Für alle Abenteurerinnen und Actionliebhaber ist der Hansa-Park in Ostholstein mit Sicherheit die richtige Adresse. Der Freizeitpark gehört zu den fünf größten in Deutschland und bietet euch mit 125 Attraktionen eine Vielzahl an adrenalinfördernden Aktivitäten.

Neben sieben Achterbahnen gibt es Wasserfahrgeschäfte und einiges für die ganz Lütten. Ein Highlight des Parks ist definitiv die Nähe zum Meer – von vielen Bahnen aus könnt ihr, während ihr über Kopf hängt, aufs Wasser schauen.

www.hansapark.de

Karl-May-Spiele

Winnetous Abenteuer hautnah erleben

Segeberg
Karl-May-Platz 1, 23795 Bad Segeberg

Es knallt, Rauch steigt auf und plötzlich vibriert der Boden vor Pferdegetrappel: Winnetou und seine Gefährt*innen sind da! Im Freilichttheater in Bad Segeberg erlebt ihr die Abenteuer des Apachenhäuptlings und seines Blutsbruders Old Shatterhand wie sonst nirgends.

Das Ensemble bringt die Geschichten von Karl May jeden Sommer voller atemberaubender Spezialeffekte auf die Bühne. Ein tolles Spektakel für die Kids, auch wenn einige Darstellungen sehr stereotypisch sind. Am besten also vor dem Besuch über die Geschichte der indigenen Völker sprechen und über rassistische Vorurteile aufklären.

www.karl-may-spiele.de

AUSFLUG

Karls Erlebnisdorf Warnsdorf

Alles rund um die Erdbeere

Ostholstein
Fuchsbergstraße 4, 23626 Ratekau

Ein Erdbeerhof, der gleichzeitig ein Freizeitpark ist? Jawoll! In Karls Erlebnisdorf verbringt ihr mit euren Kids einen Tag voller Abenteuer rund um die knallrote Frucht. Es gibt einen Hofladen und eine eigene Manufaktur – in der ihr unter anderem beobachten könnt, wie Marmelade eingekocht wird –, ein Restaurant und eben den Freizeitpark mit allerlei aufregenden Fahrgeschäften, auf denen sich die Kleinen austoben können. Wer noch zu klein oder zu ängstlich für die wilden Fahrten ist, begibt sich in den Streichelzoo und lernt flauschige Tiere kennen.

@ karlserlebnisdorf
www.karls.de/warnsdorf

Seehundstation Friedrichskoog

Knuffige Robben und Seehunde besuchen

Dithmarschen
An der Seeschleuse 4, 25718 Friedrichskoog

Egal ob ihr als Familie oder mit Freund*innen anreist: Die Seehundstation Friedrichskoog ist ein erlebnisreiches Ausflugsziel zu jeder
Jahreszeit. Lernt Lilli, Nemi und Co. aus nächster Nähe kennen und
besucht die in Deutschland einmalige Station, in der Seehunde und
Kegelrobben gemischt gehalten werden.

☺ seehundstation_friedrichskoog
seehundstation_friedrichskoog

Spotz Wakeboard Park

Auf den Brettern, die die Welt bedeuten, stehen

Segeberg
Schöne Aussicht 4–6, 22844 Norderstedt

Wakeboarden ist schon längst ein Klassiker unter den Wassersport-aktivitäten – aber immer wieder ein Erlebnis. Am Anfang legt man sich zugegebenermaßen recht häufig auf die Schnauze, aber mit ein bisschen Übung macht es mächtig Spaß! Am Spotz Wakeboard Park in Norderstedt könnt ihre eure Skills perfektionieren.

Wer lieber zwei Bretter unter den Füßen hat, kann hier natürlich auch Wasserski fahren; auf die Landratten wartet Adventure-Golf.

© spotzwakeboardpark
www.spotz-norderstedt.de/wakeboard-park

Tierpark Arche Warder

Einen neuen tierischen Kumpel finden

Rendsburg-Eckernförde
Langwedeler Weg 11, 24646 Warder

Die Kleinen wünschen sich seit Jahren sooo sehr ein Haustier, ihr habt aber weder Platz noch Zeit für einen neuen Mitbewohner? Dann könnt ihr die Sehnsucht im Tierpark Arche Warder stillen. Hier können die Lütten Minischweine und Ziegen streicheln, Esel und Schafe beobachten und noch dazu ganz viel über Haus- und Nutztiere lernen. Besondere Freude herrscht natürlich immer, wenn gerade Ferkel oder Lämmer geboren wurden.

◎ tierparkarchewarder
www.arche-warder.de

AUSFLUG

Waldhochseilgarten Scharbeutz

Wie ein furchtloses Äffchen von Baum zu Baum klettern

Ostholstein

23683 Scharbeutz

Dieser Tipp ist nichts für Menschen mit Höhenangst, denn es geht auf nach oben in die Baumkronen zum Klettern. Ob allein oder mit der ganzen Familie, im Hochseilgarten könnt ihr euer Selbstvertrauen stärken und euch durch drei verschiedene Parcours arbeiten, die so einiges für euch bereithalten.

Es geht über Baumstämme, Wackelbrücken, Netze, Wippen, Seilbahnen und vieles mehr. Besonders schön ist, dass der erste Parcours auch für Menschen mit körperlichem oder geistigem Handicap geeignet ist – nach vorheriger Anmeldung.

ⓘ waldhochseilgarten.scharbeutz

www.waldhochseilgarten-scharbeutz.de

Wildpark Eekholt

Röhrende Hirsche und majestätische Wölfe

Segeberg
Stellbrooker Weg, 24598 Heidmühlen

Am Nordrand des Segeberger Forstes, zwischen Bad Bramstedt und Bad Segeberg, liegt der Wildpark Eekholt. Seit über 40 Jahren werden hier heimische Tiere in ihrer natürlichen Umgebung gehalten.

In dem schönen bewaldeten Gebiet könnt ihr einen ausgiebigen Spaziergang machen und dabei Rotfüchse, Waschbären, Rehe und sogar Wölfe entdecken. Besonders im Herbst, wenn die Hirsche röhren und die Blätter bunt sind, lohnt sich der Ausflug.

☺ wildpark_eekholt
www.wildpark-eekholt.de
Tipp
Verpasst auf keinen Fall die Flugshow der Greifvögel!

A
U
S
F
L
U
G

Wildpark Schwarze Berge

Mit Hängebauchschweinen abhängen

Harburg
Am Wildpark 1, 21224 Rosengarten

Ein Ausflug in den Wildpark Schwarze Berge ist für Kinder ein absolutes Highlight. Hängebauchschweine streicheln, Rehe füttern, Lagerfeuer machen – das macht einen Tag unvergesslich.

Der Wildpark ist übrigens auch eine tolle Idee für spannende Geburtstagsfeiern: Ob ein Tag als Tierpfleger*in, eine GPS-Rallye oder eine Zeitreise in die Steinzeit – hier ist für jedes Kind etwas dabei, und das Geburtstagskind hat freien Eintritt. Leckere Snacks bekommt ihr im Wildpark natürlich auch.

wildparkschwarzeberge
www.wildpark-schwarze-berge.de

ODCAST

ERMARKT

München

KÖLN'

Index Hamburg

Index Umland Hamburg

Bildnachweise

FOTOGRAFIE A→Z

–
Vielen Dank an alle Fotograf*innen, die
ihre Bilder für dieses Projekt zur Verfügung
gestellt haben.
Alle weiteren Bilder, die hier nicht erwähnt sind,
wurden von **Franziska Simon**, **Lisa Greis** und
Talika Öztürk für Mit Vergnügen fotografiert.

Impressum

Zirkusdirektion
Matze Hielscher, Pierre Türkowsky

Idee
Mit Vergnügen

Redaktion
Franziska Simon, Lisa Greis,
Talika Öztürk
Mit Vergnügen

Projektmanagement
Ida Heinzel

Creative Direction
Karolina Rosina-Meisen

Art Direction
Marlene P. Brüggemann
www.studiompb.com

Lektorat und Korrektorat
Cyra Pfennings, Johannes Schmid
www.inotherwords.xyz

Coverbild
Alster, Axel Halasz
⊚ axel.wanders

Illustration
Anna Rupprecht, 310–311

Schriftarten
Freight, Garage Fonts
Monument Grotesk, Dinamo

Druck
Europrint Medien GmbH, Berlin

Produktionsbegleitung
The Gentle Temper

Hamburg Mit Vergnügen
ISBN 978-3-947747-14-6
1. Auflage, Juni 2022
Made in Berlin

Kontakt
www.hamburg.mitvergnuegen.com
⊚ mitvergnuegenhh
🛱 /mitvergnuegenhh
kontakt@hamburg.mitvergnuegen.com

Mit Vergnügen GmbH
Strelitzer Straße 61
10115 Berlin

Erschienen im
The Gentle Temper Verlag
The Gentle Temper GmbH & Co. KG
Alte Schönhauser Straße 35, 10119 Berlin
www.thegentletemper.com
⊚ thegentletemper

Vertrieb
The Gentle Temper
business@thegentletemper.com
+49 30 39820466

Dieses Buch wurde von The Gentle
Temper gestaltet, herausgegeben und
gemeinsam mit Mit Vergnügen konzipiert.

Die Redaktion hat alle Informationen in
diesem Guide nach bestem Wissen und
Gewissen erstellt. Trotz einer sorgfältigen
Prüfung durch Redaktion und Verlag sind
inhaltliche und sachliche Fehler nicht
vollständig auszuschließen. Für die ab-
solute Richtigkeit und Vollständigkeit der
Informationen übernimmt der Verlag keine
Garantie. Der Verlag und die Redaktion
übernehmen keinerlei Verantwortung
und Haftung für inhaltliche und sachliche
Fehler.
      Für Kritik, Verbesserungsvorschläge
oder sonstige Anmerkungen kannst du
dich an die Redaktion oder an den Verlag
wenden:
kontakt@hamburg.mitvergnuegen.com
mv@thegentletemper.com

Hamburg Mit Vergnügen

Wir hoffen, ihr habt mit unserem Buch viele neue und alte Lieblingsorte in Hamburg (wieder-)gefunden und tolle Tage und Nächte in der Stadt verbracht.

Seit 2014 empfehlen wir euch auf www.hamburg.mitvergnuegen.com täglich schöne Cafés, coole Partys und tolle Ausflugsziele. Wir schreiben eigensinnige und humorvolle Texte über Hamburg und verraten euch unsere geheimen Lieblingsspots.

Wenn ihr mal etwas andere Luft schnuppern wollt, dann schaut doch bei unseren Geschwistern in Berlin, München und Köln vorbei! Und wenn ihr euren nächsten Urlaub plant, dann ist das Reisevergnügen eure Anlaufstelle für die schönsten Ziele in Europa.

Wir freuen uns, dass uns bei diesem Buch die tollen Menschen von The Gentle Temper, Karo und Nils, unterstützt haben. Bei ihnen findet ihr die besten Bücher für euren nächsten Ausflug. Danke euch beiden!
Danke auch euch, lasst uns Freund*innen bleiben.

Eure vergnügte Gang

Bucket List

**11 DINGE, DIE DU IN HAMBURG
EINMAL ERLEBT HABEN SOLLTEST**

- Schluckauf von einem scharfen Mexikaner bekommen
- Jan Delay in Ottensen beim Gassigehen getroffen
- Am Park Fiction ein Feierabendbier getrunken
- Auf dem Dockville Festival im Regen getanzt
- Im Stadtpark gegrillt
- Mit dem Kanu auf der Alster gekentert
- Den Sonnenaufgang hinter dem Bunker gesehen
- Für ein Franzbrötchen vor der Kleinen Konditorei Schlange gestanden
- In der Thai Oase „Foreigner" mitgesungen
- Auf der Stresemannstraße geblitzt worden
- In der U3 nach dem Feiern eingepennt

Mit Vergnügen